En couverture :
« Henri de la Rochejaquelein au combat de Cholet en 1793 », par Paul-Émile Boutigny.
Collection musée d'Art et d'Histoire de Cholet, dépôt de la Société des Sciences, Lettres et Arts de Cholet, cliché René Golder-Cholet.

collection
HISTOIRE

La Chouannerie
et les guerres de Vendée

Texte Nathalie Meyer-Sablé
Iconographie Christian Le Corre

Pour Emmanuel Meyer, Mathias Roche et Benoît Szakow, généraux de mes guerres des boutons.

Editions OUEST-FRANCE

Sommaire

6 Introduction
11 Genèse d'une insurrection
35 La guerre commence
71 Une autre guerre : la chouannerie
111 Conclusion
114 Galerie de portraits
124 Chronologie
126 Bibliographie

Introduction

Les costumes des trois ordres : le tiers état, le clergé et la noblesse.
Histoire de France populaire, Henri Martin, Tome III.

Lorsqu'il convoqua les États généraux, Louis XVI convia ses sujets à exprimer leurs doléances. Chaque paroisse et chaque corporation devaient ainsi rédiger ses cahiers ; à charge pour l'assemblée du bailliage d'en faire une synthèse.

Les 60 000 cahiers qui ont été conservés sont, selon la célèbre phrase de Tocqueville, « le testament de l'ancienne société française, l'expression suprême de ses désirs, la manifestation authentique de ses volontés ».

Il ressort de ces revendications un fort attachement à la monarchie, en même temps, et de manière peut-être paradoxale, qu'une profonde remise en cause du système. La population souhaite une réforme de la fiscalité : outre les impôts eux-mêmes, c'est l'inégalité qui est contestée. L'égalité fiscale serait la bienvenue. Mais on demande également une simplification du système juridique.

Albert Soboul voit poindre là le désir d'une constitution qui limiterait le pouvoir du roi et donnerait des droits à une représentation nationale permanente.

Viennent ensuite les revendications sociales diverses suivant les « pays », mais qui, de manière globale, remettent en cause le principe de la féodalité. Les récriminations à l'égard du clergé, quand il y en a, visent souvent le haut clergé et le clergé régulier, tandis que l'on déplore les conditions matérielles du bas clergé. Quelques paroisses se plaignent par ailleurs des bourgeois propriétaires étrangers au village…

Les cahiers des régions de l'Ouest ne se singularisent pas. Et si l'on s'en réfère à l'étude qu'a menée Hervé Pommeret sur les doléances exprimées par la population du futur département des Côtes-d'Armor, les revendications sont globalement les mêmes que dans le reste du pays : sur 173 cahiers, 123 réclament la répartition des impôts, 126 la suppression de la corvée des grands chemins, 119 l'abolition des droits féodaux, 76 l'abolition de la milice ou sa transformation, 80 l'égale représentation du tiers état, 52 la représentation des campagnes, et 15 la conservation des privilèges de la Bretagne.

Les habitants du Grand Ouest, cette vaste région qui va de la Normandie aux Sables-d'Olonne, des abords de Brest à ceux du Mans, ont donc d'abord été favorables aux réformes telles qu'elles étaient demandées et proposées par les élites du tiers état dès le début de la campagne électorale de la désignation des députés aux États généraux.

En Bretagne comme dans le Maine, l'Anjou ou le Bas-Poitou, la paysannerie s'est montrée hostile à un système hérité d'un passé dont elle ne voulait plus. Les paysans bretons ont d'ailleurs désigné majoritairement des députés favorables aux réformes. Cette adhésion au programme des patriotes s'est confirmée par les violences antiseigneuriales de la Grande Peur, là où elle s'est manifestée, et par les violences perpétrées

Le serment du Jeu de Paume, le 20 juin 1789, par lequel les députés prêtent, à l'unanimité moins une voix, le serment, « de ne jamais se séparer et de se rassembler partout où les circonstances l'exigeront jusqu'à ce que la Constitution du royaume soit établie et affermie sur des fondements solides ».

Histoire de la Révolution française, M.A. Thiers, Tome 1, 1867.

Vision romantique de la maison de Jacques Cathelineau, au Pin-des-Mauges.
Souvenirs du bocage vendéen, Dom Joseph Roux, 1898.

contre les aristocrates et leurs demeures en 1790 et 1791. La création des municipalités élues au printemps 1790 et la vente des biens de l'Église témoignent encore de ce ralliement des paysans de l'Ouest à la cause révolutionnaire.

Partant sur les mêmes bases de récriminations et le même désir de changement, la vie politique des départements durant la période révolutionnaire va pourtant varier considérablement d'une région à l'autre. Dans quelques villes, on assiste à l'anticipation des décisions prises à Paris, tandis que dans d'autres ces mêmes décrets sont l'objet d'une totale indifférence voire d'un refus qui peut aller jusqu'à la rébellion.

Comment expliquer ces variations ? Et comment expliquer surtout l'ampleur que prendra ce phénomène de rejet dans la région du Grand Ouest ?

Les populations bretonnes et vendéennes ne se sont pourtant pas distinguées, dans un premier temps du moins, des populations du reste du pays dans leur volonté de réformes.

Le territoire des guerres de Vendée et de la chouannerie

Les guerres de Vendée se sont déroulées sur un territoire que les historiens ont baptisé « Vendée militaire » pour le distinguer du département de la Vendée qui n'en recouvre qu'un périmètre restreint : sur les quelque 440 communes qui prennent part au soulèvement, 32 % seulement se situent en Vendée, alors que 30 % d'entre elles appartiennent au département du Maine-et-Loire, 20 % à celui des Deux-Sèvres et 18 % à la Loire-Atlantique.
Le territoire de la Vendée militaire ne présente pas d'unité géographique : à l'ouest, le pays plat et découvert est propice à l'élevage, tandis qu'une partie de l'intérieur des terres est impropre à l'exploitation et rend tout déplacement pénible (marais). Le sud offre un paysage relativement ouvert, alors que le reste du « pays », travaillé par l'homme, est composé de bocages, étangs, forêts et rivières. Les chemins qui sillonnent ce paysage et qui mènent d'un bourg à l'autre sont bordés de taillis de genêts, de hautes haies et de fossés profonds. Les véritables routes sont peu nombreuses : on ne compte que trois axes importants. Le premier traverse le pays de Nantes jusqu'à Niort, le second mène des Sables-d'Olonne à Nantes, et enfin le troisième permet de se rendre de Saumur aux Sables-d'Olonne.

Genèse d'une insurrection

Les causes du mécontentement

Un sentiment de frustration politique

En premier lieu, il est possible d'invoquer le sentiment de frustration politique ressenti par le monde paysan : les laboureurs, qui représentent près de 95 % de la population bretonne, ne comptent au maximum que 10 % de députés aux États généraux, à l'Assemblée constituante, à l'Assemblée législative, puis à la Convention. Les bourgeois, en revanche, bien que très largement minoritaires au sein de la population, disposent d'une écrasante majorité dans ces assemblées successives.

Et ce déséquilibre n'est pas uniquement mathématique : il recouvre un antagonisme réel qui se traduit par différentes décisions politiques. La Déclaration des droits de l'homme et du citoyen, par exemple, confère à tout citoyen l'égalité des droits civils. Mais l'Assemblée constituante réserve ce droit aux seuls « citoyens actifs ». Et être citoyen actif implique un certain nombre de conditions que la moitié de la population est loin d'atteindre ! Il faut tout d'abord être un

Page de gauche :
Un énorme crucifix sert d'étendard à ce prêtre représenté ici comme le chef de la révolte.
Le mystère de la chauve-souris, Gustave Toudouse, 1900.

Les trois ordres tels qu'ils se présentent aux États généraux.
La Bretagne moderne, Pitre-Chevalier, 1860.

Député de l'Église.

Député du Tiers.

Député de la Noblesse.

Les paysans brûlent les titres féodaux, si souvent dénoncés dans les cahiers de doléances.
Histoire de France populaire, Henri Martin, Tome III.

homme et être âgé de plus de 25 ans, ne pas être domestique, être domicilié depuis plus d'un an dans la ville ou le canton, s'être inscrit à la garde nationale de son domicile et avoir prêté le serment civique, n'être ni en état d'arrestation, ni failli, ni insolvable non libéré, et enfin il faut payer une contributi[illegible]irecte au moins égale à trois journées de travail.

Cette longue liste de conditions requises signifie que dans la pratique, pour le département du Morbihan par exemple, sur les 414 940 habitants que l'on compte en 1790, seuls 43 799 d'entre eux sont considérés comme des citoyens actifs. Cela représente à peine 10 % de la population totale du département. Il en va à peu près de même pour l'ensemble des départements français. De cela découle la quasi-impossibilité, pour le monde paysan, d'accéder aux décisions politiques, administratives, juridiques…

L'incomplète abolition des privilèges

Lors de la nuit du 4 Août, seuls les droits féodaux afférents aux personnes sont supprimés. Il s'agit sans conteste possible, dans ce cas précis comme dans celui des restrictions en vue d'être reconnu citoyen actif, d'une évolution de la plus haute importance, mais qui reste, parce qu'il était sans doute difficile de procéder autrement, partielle.

Les corvées par exemple, si décriées dans les cahiers de doléances, sont maintenues telles quelles. Les banalités et autres champarts ne sont pas abrogés, mais doivent être rachetés. Le régime du domaine congéable (propre à la région bretonne) demeure intact, et la dîme doit toujours être acquittée. Par ailleurs, les impôts ne sont pas supprimés, et la procédure de règlement ne change pas : en 1790, ils revêtent toujours la forme ancienne qu'avaient en abomination les paysans, à savoir la capitation, la milice, le casernement et le fouage.

En 1791, ces impositions sont remplacées par un impôt nouveau : la contribution foncière. Mais cette nouvelle forme n'enchante pas non plus les populations.

« Les paysans avaient cru naïvement qu'avec la suppression des privilèges seigneuriaux, des fouages, de la capitation, etc., ils allaient connaître l'âge d'or. Ils avaient pensé qu'avec la Liberté, ce serait la terre libre de charges, le grain et le cidre aux seuls paysans. Ils ont la douloureuse surprise de constater que les charges et les impositions ont tout simplement changé de nom », écrit L. Kervégrant dans son ouvrage *Révolution et chouannerie*.

On pourrait ajouter que, loin d'être supprimés, les impôts augmentent, et ne suffisent toujours pas… La République naissante a besoin d'argent !

En 1790, Paris impose la « contribution patriotique » et, en 1793, elle a recours à l'« emprunt forcé ». L'introduction de l'assignat, créé également pour tenter de renflouer les caisses de l'État, ne satisfait pas non plus les foules !

Les assignats

Les assignats sont apparus en décembre 1789, à la suite de la création de la caisse de l'Extraordinaire destinée à recevoir l'argent de la vente des biens confisqués au clergé. À cette époque, ils sont seulement des avances, avec intérêts de 5 % puis de 3 %, sur la vente des biens nationaux. En principe, on aurait dû les détruire au fur et à mesure qu'ils revenaient à la caisse, c'est-à-dire dès lors qu'une vente de biens nationaux avait lieu. Cependant, cela ne s'est pas déroulé comme prévu initialement : fin 1790, ils ne portent plus d'intérêts et sont acceptés quasiment partout comme moyen de paiement. Les assignats se transforment alors en papier-monnaie et prolifèrent, malgré l'opposition d'une grande partie de la population et les dissensions au sein du gouvernement.

Assignat de quatre cents livres (21 novembre 1792). Bibliothèque nationale de France.

Des biens nationaux inaccessibles

Le « petit peuple », frustré par le maintien du domaine congéable dans son désir d'accéder à la propriété, l'est encore davantage lors de la vente des biens nationaux. La « mise à la disposition de la Nation des biens du clergé », votée le 2 novembre 1789 par l'Assemblée, constituait pourtant pour les paysans la possibilité de devenir propriétaires. Mais, en Vendée par exemple, plus de 80 % de ces biens sont acquis par la bourgeoisie citadine. Il en va de même en Bretagne. On imagine donc la frustration ressentie par les paysans, d'autant que les modalités de vente sont tout à l'avantage de l'acheteur : ceux-ci ne sont contraints de verser que 12 % du prix dans les quinze jours suivants la vente, et le reste peut être étalé sur douze ans, avec un intérêt de 5 %. L'aubaine est d'autant plus grande que l'assignat perd, entre 1791 et 1794, presque 100 % de sa valeur ! Claude Nières résume parfaitement la situation dans son ouvrage intitulé *Les Bourgeois et le pouvoir* et explique pourquoi les populations de certaines régions sont plus contrariées que d'autres : « La bourgeoisie profite de la vente des biens du clergé pour accroître la base foncière de sa fortune. Dans les pays de la Loire, dans la Sarthe, dans les Mauges, les bourgeois acquièrent la majorité des terres et les plus fertiles concurrençant les paysans. De plus, la vente des biens du Clergé ne concerne pas seulement les territoires ruraux mais aussi les propriétés, terres et bâtiments divers, qu'il possédait dans les villes et qu'achetèrent bourgeois et municipalités. »

Lors de la mise en vente aux enchères des biens des émigrés en 1793 et 1794, on retrouvera le même profil d'acheteurs : des bourgeois payant en assignats…

Les émeutes spontanées qui vont avoir lieu dans cette région peuvent également s'expliquer par le ressentiment d'une paysannerie qui refuse désormais toute forme de solidarité nationale, parce qu'elle n'en comprend plus les enjeux.

Effectivement, le changement ne peut être acceptable par les populations que s'il signifie concrètement l'abolition des contraintes. Les familles ne voient pas les contreparties qui pourraient exister au tirage au sort et qui auraient pu les légitimer. Sans cette composante nécessaire, la levée des 300 000 hommes par exemple, devient, aux yeux des intéressés, injuste voire illégitime.

La région du Grand Ouest se singularise

On peut, à l'image d'Émile Gabory, expliquer de manière poétique pourquoi le phénomène a été particulièrement fort dans cette région : « Parce que tout s'y prête, tout conspire à la fois contre les armées envahissantes : les bois mystérieux, les fourrés épais, les fossés profonds des Mauges et de la Gâtine, les hauteurs chevelues et les brousses du bocage, les canaux léthargiques et trompeurs du Marais : la Loire d'un côté, l'océan de l'autre. Terre caractéristique : rien n'y est banal, ni le pays ni l'homme. »

Mais plus objectivement, on peut expliquer la réaction extrême des habitants de l'Ouest par le fait que la province de Bretagne a bénéficié durant des siècles d'une position particulière au sein du royaume de France. Elle jouissait, depuis la signature de l'édit du Plessis-Massé, en septembre 1532, d'un certain nombre de privilèges. Les rois ne pouvaient lever d'impôts sans obtenir l'accord des États de Bretagne et ils n'étaient en aucun cas en mesure de lever la fameuse gabelle, l'impôt sur le sel. Les tribunaux de la province avaient seuls le droit de juger les hommes et les femmes du « pays breton », et les hommes de la province étaient quasiment tous exempts du service des armes. Les habitants des littoraux, en revanche, étaient soumis au service à bord des bateaux de la Marine royale.

Le paysage particulier constitué de bocage, de chemins creux et de fourrés, a contribué à rendre difficiles les patrouilles des Bleus.
Les guerres de la Vendée, E. Bonnemère, 1884.

Les révolutionnaires, poussés par leur volonté de constituer une France « une et indivisible », ont naturellement mis fin à ces privilèges…

Une protestation et réclamation signée en février 1790 par M. de Botherel, procureur général et syndic des États de Bretagne, est particulièrement significative de cet état d'esprit : « Unie à la France par des traités solennels, et jamais conquise, la Bretagne a ressenti cet ébranlement général dont sa constitution particulière devait la garantir. Par son union vivement désirée, sollicitée même par les États généraux de France, consommée à leur prière, et sur leur représentation, la province de Bretagne donna à la France un poids immense dans la balance de l'Europe ; et pour tous ces avantages, elle ne se réserva que les droits dont elle jouissait sous ses souverains particuliers ; elle stipula qu'elle ne serait assujettie qu'aux impositions qu'elle consentirait ; que nul établissement, nulle loi n'aurait de force dans son étendue qu'après l'adoption unanime des trois ordres ; que nul changement ne se ferait dans son administration que de son consentement, et que jamais, pour aucune cause ses citoyens ne seraient traînés en justice hors de leur pays. […]

À la vue de tous les maux auxquels on livre votre partie, à la vue des impôts dont on veut vous accabler, à l'aspect de l'anéantissement des droits sacrés du peuple, Bretons sensibles, réunissons-nous, et protestons tous ensemble contre une assemblée qui, de constituée se déclarant constituante, de mandataire s'érigeant en assemblée législative, de transitoire devenue permanente, s'arroge sur ses commettants une autorité despotique, les force au silence, et qui, au mépris des serments qu'elle avait fait, déroge aux pouvoirs qu'elle avait reçus, et viole impunément les clauses qui lui avaient été prescrites. […]

En un mot, nous protestons contre tous les actes et décrets qui pourraient être préjudiciables ou attentatoires aux droits, franchises et libertés de la Bretagne, et nous déclarons formellement nous y opposer. »

Dernière session des Etats de Bretagne, réunis à Rennes de decembre 1788 à janvier 1789.
La Bretagne moderne, Pitre-Chevalier, 1860.

La prise des Tuileries, le 10 août 1792, durant laquelle les derniers Suisses qui défendent les lieux tombent sous les balles républicaines.
Le Petit Journal, 1892.

Les décisions qui provoquent le rejet

La naissance de la Commune insurrectionnelle

Le 9 août 1792, l'Assemblée législative, contrairement à ce qu'elle avait annoncé, se sépare sans avoir discuté la pétition déposée le 3 par les 47 sections de Paris qui demandaient solennellement la déchéance du roi.

Les sectionnaires, préparés à cela, réagissent promptement. Vers minuit, le tocsin sonne aux faubourgs Antoine et aux Cordeliers. Les sections parisiennes, à ce moment précis, envoient chacune trois commissaires à l'Hôtel de Ville. Cela signifie que le noyau de la Commune insurrectionnelle qui remplacera la Commune légale est presque constitué au milieu de la nuit.

Mandat est remplacé par Santerre à la tête de la garde nationale. Il ne s'agit pas là non plus que d'un acte symbolique : les hommes de cette institution ont « changé de camps ».

Pendant ce temps-là, sur les conseils de Roederer, procureur général syndic du département, Louis XVI quitte les Tuileries pour se mettre à l'abri à l'Assemblée. Les gardes nationaux accompagneront le départ du roi d'un « Vive la Nation ! » avant de quitter leur poste.

Les fédérés et les sectionnaires du faubourg Marceau placés sous la direction d'Alexandre, arrivent au château des Tuileries peu après. Les Suisses, loin d'avoir fraternisé comme le croyaient Alexandre et ses compagnons, ouvrent le feu sur ceux qui entrent dans la cour du Carrousel. Lorsque les hommes du faubourg Antoine et les fédérés commandés par Santerre les rejoignent, ils voient tant de morts allongés dans cette cour qu'ils ont l'impression que l'insurrection vient d'être écrasée.

Enragées, les troupes de Santerre manœuvrent alors les canons qu'ils ont récupérés auprès des canonniers passés à l'insurrection aux premiers instants de l'attaque, et repoussent les suisses qui ne cessent, de leur côté, de riposter. Lorsque le roi fait enfin parvenir l'ordre de cesser le feu, la bataille a déjà laissé près de 400 victimes du côté des insurgés.

Cette hécatombe provoque une colère folle chez les sans-culottes. Ceux-ci crient à la trahison, et massacrent des centaines de suisses.

À la fin des affrontements, finalement remportés par les insurgés, l'Assemblée prononce la suspension du roi et vote la convocation d'une Convention élue au suffrage universel, comme l'avait proposé Robespierre.

La monarchie est tombée…

Dans les jours qui suivent, des adresses de félicitations émanant des départements affluent à l'Assemblée législative et au Conseil général de la Commune. Mais arrivent aussi des demandes d'explications et des missives au ton plutôt inquiet. La province ne sait trop que penser de ces événements !

Le Conseil exécutif, sous l'impulsion de Danton, décide alors d'envoyer des commissaires dans toute la France. Ils seront chargés d'expliquer à chacune des instances représentatives ce qui s'est réellement passé dans la capitale et les conséquences de cette nuit du 10 Août.

Le ministère de l'Intérieur, à la tête de qui se trouve Roland, va faire de même, imité par l'Assemblée législative et par le Conseil général de la Commune. Mais il s'agit en fait autant d'expliquer et de convaincre les régions de l'utilité du 10 Août que de guider les électeurs.

Le 20 juin 1792, le roi Louis XVI fait front à la première « journée révolutionnaire » conduite par les sans-culottes parisiens qui investissent le palais des Tuileries, où réside la famille royale, et contraignent le monarque à se coiffer d'un bonnet rouge et à boire une rasade de vin « à la santé du peuple ».
Histoire de la Révolution française, M.A. Thiers, Tome III, 1872.

Danton devient ministre de la Justice à la suite des évènements d'août 1789. Pour lutter contre l'invasion prussienne, il est l'instigateur de la levée en masse.
Histoire de la Révolution française, M.A. Thiers, Tome II, 1867.

Pendant la période dite de la « Première Terreur » (été 1792), la France est dirigée entre autres par la Commune de Paris qui fait pression pour juger rapidement les ennemis de la Révolution et les suspects : trois mille personnes sont arrêtées en quelques jours et un tribunal d'exception est organisé le 17 août 1792.
Histoire de la Révolution française, M.A. Thiers, Tome II, 1867.

Sans entrer dans les détails du déroulement de ces élections en vue de constituer le gouvernement de la future Convention nationale, qui ont lieu sur fond de tracasseries entre Assemblée nationale et Conseil général de la Commune de Paris, de luttes entre Girondins et Jacobins, qui aboutiront à la victoire de ces derniers, il faut souligner qu'une des toutes premières conséquences du 10 Août sera le durcissement de la répression contre les prêtres réfractaires jusque-là protégés par le veto royal. Cela ne va pas être sans conséquence sur les troubles que va connaître le Grand Ouest !

La constitution civile du clergé

Le 12 juillet 1790, l'Assemblée avait voté la Constitution civile du clergé. Il s'agissait en fait pour les législateurs d'appliquer au domaine religieux les principes qui les avaient guidés dans les domaines administratifs, judiciaires et financiers : uniformiser, décentraliser et égaliser les conditions. Le texte de cette constitution comporte quatre titres. Le premier définit l'organisation administrative de l'Église en le calquant sur le modèle départemental : dorénavant, chaque département comportera un unique évêché. Cela signifie la suppression de certains évêchés : de 135, on passe à 83. En Bretagne, par exemple, les évêchés de Dol-de-Bretagne, de Saint-Malo, de Tréguier et de Saint-Pol-de-Léon sont supprimés. Il stipule également que l'évêque doit être assisté d'un conseil de vicaires pour diriger son diocèse.

Le deuxième précise les modalités d'élection des évêques et des curés, tandis que le titre troisième fixe le traitement des membres du clergé et que le quatrième impose aux cadres de l'Église une résidence effective, sous le contrôle des municipalités.

Les prêtres réticents à la constitution civile du clergé, et influencés par l'hostilité du pape, atermoient ou prêtent un serment restrictif, considéré par l'administration révolutionnaire comme nul et non avenu. Cela entraîne pour ces « prêtres réfractaires » la mise hors la loi, l'arrestation et la condamnation à mort.
Les enfants d'Elie Raguenard, I. François, 1934.

L'institution va en être bouleversée : le mode de nomination est réorganisé : les curés et les évêques devront dorénavant être élus par les citoyens actifs (et non nécessairement catholiques) de la paroisse ou du département. Et si l'investiture canonique par l'évêque pour le curé et par l'archevêque pour l'évêque ne disparaît pas totalement, elle n'intervient qu'après cette élection « populaire ».

Les inégalités de traitement (les fameuses « portions congrues ») disparaissent : tout ecclésiastique recevra un traitement de l'État d'un montant minimal de 1 200 livres pour les curés, de 700 pour les vicaires, et de 25 000 livres pour les évêques.

Les prêtres devront par ailleurs prêter le serment suivant au moment de leur élection : « Je jure d'être fidèle à la Nation, à la Loi et au Roi, et de maintenir de tout mon pouvoir la Constitution décidée par l'Assemblée nationale et acceptée par le roi. » On fait dès lors la distinction entre ceux qui prêtent serment – à qui l'on donne les noms de « constitutionnels », « assermentés » ou « jureurs » – et les autres, appelés « réfractaires » ou « insermentés ».

Le pape et le roi perdent leurs prérogatives, le corps ecclésiastique perd ses privilèges financiers et judiciaires : cette constitution civile qui a confisqué les biens du clergé l'intègre à la Nation.

Si le roi finit par ratifier le texte 24 août 1790, le pape Pie VI, lui, rejettera cette constitution le 10 mars 1791 par un bref intitulé *Quod aliquantum*, qui réfute par la même occasion la Déclaration des droits de l'homme…

Cette opposition violente affichée par le pape complexifie encore la situation : elle renforce la conviction des réfractaires, et pousse certains des prêtres constitutionnels à faire volte-face.

Les prêtres réfractaires, devenus clandestins, en sont réduits à célébrer les offices en plein air, comme ici sous un chêne.

Histoire de France populaire, Henri Martin, Tome IV.

Cette célèbre illustration de L. Dumon a été utilisée dans deux ouvrages de tendances divergentes avec des légendes différentes. Soit « Un prêtre donnant l'absolution avant le combat », soit « Les curés soulèvent les paysans ». Dans l'ouvrage d'où elle est tirée, il s'agit de la seconde version.
Les guerres de la Vendée, E. Bonnemère, 1884.

Sur le plan national, 65 % des prêtres s'étaient déclarés favorables au serment. Dans le Grand Ouest, c'est 65 % d'entre eux qui l'avaient refusé… Dans certains cantons du Morbihan et de l'Ille-et-Vilaine, ce taux de réfractaires frôle même les 80 % ! Après le rejet du texte par le pape, avec les revirements de certains prêtres constitutionnels, les réfractaires deviennent majoritaires pour l'ensemble du territoire.

Le climat religieux du pays s'aggrave encore lorsque, au lendemain du 10 Août, l'Assemblée législative décrète la déportation possible des prêtres réfractaires sur simple dénonciation de 20 citoyens actifs de leur commune. S'ensuit une vague massive d'arrestations. Les prêtres insoumis, s'ils ne sont pas déportés, rejoignent les émigrés, et partent vers l'Italie, l'Espagne, les îles Anglo-Normandes ou l'Angleterre. Certains choisissent de rester sur place vivant et célébrant les offices religieux dans la clandestinité.

La situation s'exacerbe lorsque, le 3 septembre 1792, un nouveau serment de fidélité est exigé des prêtres. Il sera prêté, cette fois-ci, « à la liberté et à l'égalité ». Puis, le 20, l'Assemblée législative vote la laïcisation de l'état civil, l'autorisation du divorce et du remariage des divorcés et du mariage des prêtres, la suppression des registres de catholicité ainsi que l'interdiction du port d'habits ecclésiastiques en dehors de l'église. Certains officiants, qui avaient accepté de prêter serment à la constitution civile du clergé, refusent cette nouvelle mouture et basculent dans l'illégalité…

Au-delà d'un nouveau départ de prêtres vers les pays voisins, cette série de décrets

Représentation d'une messe célébrée par Noël Pinot, de nuit dans un fenil. Né à Angers en 1747, Noël Pinot, après avoir refusé de prêter serment, fut poursuivi et vécut dans la clandestinité. Finalement arrêté, il est mort sur l'échafaud le 21 février 1794.
Le Pèlerin, novembre 1826.

et les mesures qui les accompagnent ont pour conséquence immédiate d'accentuer le désaccord qui existe entre la bourgeoisie patriote et les classes populaires des campagnes. La proximité d'une ville pourvue d'une solide garde nationale permet de limiter les manifestations publiques d'attachement aux prêtres réfractaires, mais la population n'en demande pas moins l'atténuation de la lutte contre les curés. Et la grogne n'est pas limitée à la seule région du Grand Ouest, même si elle y est particulièrement forte !

Les paysans bretons ne s'étaient pas révoltés lors de l'arrestation du roi, pas plus qu'ils n'avaient manifesté de mécontentement violent lors de son exécution ; au mieux, ont-ils cherché des explications et des directives auprès des émissaires envoyés par la capitale dans leur province après le 21 janvier 1793… En revanche, cette série de mesures visant « leurs bons prêtres » suscite un malaise qui va au-delà de la simple stupeur : une fracture se marque entre une population très catholique et une bourgeoisie fille des Lumières, ressentie désormais comme adversaire de la toute-puissance de la religion et de l'Église.

Des mesures insuffisantes pour rassurer les populations

Les mesures prises par le gouvernement en vue d'apaiser les populations, tels le décret du 14 août 1792 mettant en ventes les biens des émigrés par petits lots, et permettant aux plus modestes l'accès à la propriété, ou le texte supprimant les redevances féodales et le système du domaine congéable, n'ont pas beaucoup d'impact ; Paris oubliait un autre motif de mécontentement : la peur de la disette !

Soldats vendéens armés. Lithographie du XIXe siècle

On s'inquiète de la montée des prix du grain. Une appréhension que les populations des campagnes partagent cette fois-ci pleinement avec les classes populaires des villes. Ce n'est pas tant que la récolte de l'année a été mauvaise, mais l'effondrement continu de l'assignat pousse certains vendeurs à spéculer sur la hausse des prix. L'Assemblée vote un décret le 16 septembre 1792 imposant le recensement de tous les grains disponibles dans chaque département. Il s'agit de rassurer les populations, et de permettre une éventuelle réquisition d'une partie du stock pour l'approvisionnement des villes. Le décret est par ailleurs accompagné de mesures extrêmement strictes : aucun grain ne doit plus sortir de son département !

Les résultats de cette loi sont à l'opposé de ce qu'imaginaient les législateurs : les disparités de prix d'une région à l'autre se creusent, et certains producteurs font passer leurs récoltes vers les départements où celles-ci se vendent le plus cher.

C'est dans ce contexte de colère et de sentiment d'impuissance que vont naître, à l'automne 1792, ce que l'on nommera les « vagues taxatrices ».

Dans toute la France, les paysans s'arment et les violences se succèdent. Certaines villes parviennent à juguler les émeutes : dans la Sarthe, par exemple, les paysans de Vibraye se dirigent vers les marchés de la région pour exiger la taxation des grains. Au fur et à mesure de leur avancée, leur cortège s'agrandit et les gardes nationaux, d'abord venus pour les combattre, se joignent à eux. La Convention envoie des représentants du peuple pour rétablir l'ordre mais, menacés, ils décrètent la taxation. Les violences peuvent aller parfois jusqu'au meurtre des négociants. À cela s'ajoute la chute constante de l'assignat qui rend la situation encore plus difficile, en Bourgogne, en Touraine ou dans le Limousin.

Dans l'Ouest, la colère née de l'intensification de la répression contre les prêtres réfractaires s'adjoint aux inquiétudes liées à la hausse des prix des grains et à la baisse des assignats. Mais les manifestants de chacune des causes ne sont pas nécessairement les mêmes ! Ainsi, à Quillebeuf, à Rouen ou à Alençon, des affrontements ont eu lieu lorsque les cortèges chargés d'accompagner les prêtres réfractaires expulsés vers leurs embarcations et la foule des taxateurs se croisent. Les gardes nationaux affectés à la protection des curés ne peuvent généralement rien faire : plusieurs hommes d'Église sont ainsi massacrés.

Des incidents éclatent également lors des foires et des marchés. Les paysans producteurs qui refusent de se faire payer en assignats sont de plus en plus nombreux : c'est encadrés de gendarmes qu'ils doivent alors terminer les transactions !

La violence des paysans n'épargne pas les prêtres assermentés. Ici, ils forcent un curé patriote à se mettre à genoux devant une croix et à demander pardon de son apostasie.
La Bretagne moderne, Pitre-Chevalier, 1860..

Représentation classique d'un insurgé vendéen.
La Bretagne moderne, Pitre-Chevalier, 1860

La montée des violences

Le climat est à l'instabilité et, de l'été 1792 à mars 1793, le gouvernement assiste à la montée des violences. Dans la région du Grand Ouest, ces manifestations aboutiront à la révolte de la Vendée et des chouans.

Au début du printemps 1792, des rumeurs commencent à circuler sur l'existence d'un groupe de prêtres réfractaires appelant à la révolte. Ils seraient installés dans les Marais de la Brière, et auraient constitué un important dépôt d'armes. « Il existait dans le district de Guérande une fermentation sourde, la voix publique annonçait qu'on arborait la cocarde blanche dans les paroisses de Saint-Joachim, de Pontchâteau, de Crossac, de Missillac, etc., qu'on enrôlait pour les émigrés qu'on fabriquait des cartouches et que plusieurs prêtres, non assermentés, retirés dans les Brières, y soufflaient le fanatisme et y excitaient la révolte », rapportent, au début de l'été, des commissaires venus de Nantes, et cités par Roger Dupuy dans son ouvrage sur la République jacobine.

Les dragons envoyés pour trouver la cache d'armes tombent dans une embuscade. S'ensuit une bataille qui laissera trois morts du côté des autorités. Les 350 hommes appelés en renfort ne trouveront pas les coupables, malgré la mise à sac des villages alentour.

En août, des bagarres entre paysans et « bleus » éclatent dans le district de Carhaix, dans le centre Finistère. L'envoi de 70 hommes venus en renfort de Quimper, ajouté aux 150 de Morlaix et aux 250 gardes nationaux, calme le jeu. Il n'en demeure pas moins que l'agitation gagne.

À la fin du mois, c'est le quartier de Quimperlé qui est le théâtre d'agitations : le 27 août, la commune de Bannalec refuse de désigner les 27 volontaires exigés par le Directoire du département pour le service des batteries côtières de la côte Nord. Les autorités désamorceront tout risque de

Le « sacré-cœur »

C'est à cette époque que l'on commence à exhiber les fameux « sacré-cœurs » rouges sur fond blanc : ces talismans brodés qui, depuis le XVIIe siècle symbolisaient la dévotion à la Vierge. Dans un premier temps, ils sont confectionnés par les sœurs chassées de leurs couvents, puis par les femmes de la noblesse qui le transforment en une sorte de signe de reconnaissance pour ceux qui « partagent la vraie foi ». Il « matérialise » le but de la révolte : le rétablissement de l'ancien ordre, monarchique autant que religieux.

« Cœur vendéen » : un cœur de tissus rouge cousu sur une pièce de flanelle.
Collection musée d'Art et d'Histoire de Cholet, cliché Patrick Pestre.

révolte en installant sur place une centaine d'hommes du 41e régiment d'infanterie.

En septembre, c'est dans les districts de Lannion et de Pontrieux que l'on se rebiffe : il s'agit, là comme à Bannalec, de refuser les levées d'hommes. Les affrontements, ici, feront des victimes.

On ne peut encore parler de véritable guerre ; derrière ces poussées de colère, on ne trouve ni prêtres réfractaires ni nobles antirévolutionnaires, mais simplement des paysans fortement contrariés par les fermetures de leurs chapelles, qui prennent comme prétexte à l'explosion de leur contrariété la première exigence officielle venue.

Il est vrai cependant que les nobles ne sont pas loin et qu'ils commencent à penser que ces poussées de colère, bien encadrées, pourraient aller dans le sens de leurs préoccupations…

Émeute à Lannion.
La Bretagne moderne, Pitre-Chevalier, 1860.

La Rouërie, surpris par la garde nationale de Saint-Malo, prend la fuite dans un souterrain. *La Bretagne moderne*, Pitre-Chevalier, 1860.

Le rôle des aristocrates : premières révoltes nobiliaires

En octobre 1790, Bujault, administrateur du district de Châtillon, écrivait : « Les aristocrates ont fait tous leurs efforts dans notre pays pour amener une guerre civile et pour faire prendre les armes à quelques gens par eux soldés contre les amis du peuple. »

Sans exagérer le poids que peuvent avoir les complots nobiliaires dans le déroulement des événements vendéens, il semble nécessaire de revenir un instant sur la situation de la noblesse au lendemain de la prise de la Bastille, pour mieux comprendre leurs motivations et leurs agissements.

Tout comme les membres du clergé, les nobles s'étaient vus obligés, après 1789, de prêter serment à la Constitution. C'était là la condition qui leur était imposée s'ils voulaient conserver leurs grades au sein de l'armée ou de la marine.

De même que certains prêtres préférèrent passer à l'illégalité plutôt que de prêter serment, un certain nombre de nobles choisiront de renoncer à leur carrière et d'émigrer ou d'entrer dans une résistance active sur le terrain.

Ce sera le cas de des Touches, de du Chaffault ou d'Hector de Vaugirard, officiers généraux. Parmi les officiers subalternes, Charette, Royrand, Bonchamps, Scépeaux, Marigny et d'Elbée choisiront également d'interrompre leur carrière « officielle ».

Bien sûr, les démissionnaires sont en plus grand nombre, mais on retrouvera le nom de ceux-là au cœur de la tourmente vendéenne.

Démobilisés, opposés au régime, les nobles du Grand Ouest tentent à plusieurs reprises de s'engager dans une coalition et

Augustin-Etienne-Gaspard de Bernard de Marigny, né à Luçon en 1754, est un cousin éloigné du marquis de Lescure. Il a servi pendant vingt ans au sein des armées du roi et prit part brillamment à la guerre d'Indépendance des Etats-Unis.

d'organiser la fronde. Le « complot de la Rouërie » n'est pas leur première tentative du genre, mais est représentatif de la situation. Armand Charles Tuffin, marquis de la Rouërie, s'était déjà illustré en 1789 en se prononçant contre le doublement du tiers aux États généraux. Il avait par la suite protesté contre l'émigration de la noblesse bretonne, préférant clamer qu'elle serait capable, si elle le souhaitait, d'encadrer un soulèvement de la province. En 1791, il rencontre en Angleterre et à Coblence les émigrés et les princes, à qui il fait part de son programme : créer une association bretonne qui regrouperait les partisans « de l'autorité légitime du Roi et de la conservation des propriétés », chargés entre autres activités de rallier à leur cause les garnisons, la maréchaussée et les gardes nationaux !

Dès mai 1792, son association compte des soutiens dans les principales villes bretonnes... Mais les rassemblements qu'il organise en son château finissent par alerter les autorités. Le 31 mai 1792, le Directoire du département d'Ille-et-Vilaine envoie un bataillon composé de dragons et de gardes nationaux pour arrêter les conspirateurs.

Arrivés sur place, les soldats trouvent le château et ses environs déserts. Tandis que cette affaire assombrit Paris, Latouche-Cheftel, médecin et confident de l'agitateur, fait des révélations à Danton. Il lui conte les projets et intrigues de son ancien patient et ami.

Si, après ces révélations, de la Rouërie reste introuvable, un certain nombre de ses sympathisants sont arrêtés et jugés.

Faire du marquis de la Rouërie le père de la chouannerie est sans doute excessif. Mais le fait qu'il parvienne à échapper aux agents dépêchés par Danton en se cachant de château en château dans un périmètre compris entre la ville de Laval et le centre de la Bretagne démontre la préexistence d'un réseau en place pouvant sinon provoquer une révolte populaire, du moins jouer un rôle d'appui sur lequel peuvent compter les contre-révolutionnaires.

Le comte d'Artois. En 1791, le futur Charles X a alors 34 ans.
Le mois littéraire et pittoresque, Tome XII, 1904.

L'affaire de la Proutière

L'« affaire de la Proutière » avait fait grand bruit, impliquant le baron de la Lézardière, propriétaire du château de la Proutière et soupçonné par les autorités d'entretenir une correspondance avec le comte d'Artois, Sylvestre et Gabriel de Chaffault, de Loyne de la Coudraye, le comte du Rosnay et quelques autres nobliaux de la région sablaise, tels Baudry de la Burcerie, ou Charles Masson de la Renaudière.
Au printemps 1791, le baron organise un grand rassemblement en vue de discuter de la possibilité de « sauver le Roi de sa propre faiblesse et la religion de la Constitution civile ».
Mais l'affaire s'ébruite, et malgré un certain nombre de paysans enrôlés qui auraient pu, s'ils avaient réellement su pourquoi ils se trouvaient à cet endroit, défendre les conspirateurs, l'attaque du château par les hommes du régiment de Rohan accompagnés par les gardes nationaux des Sables-d'Olonne aboutit à la défaite des comploteurs. Ces derniers sont arrêtés et jugés pour « crime de lèse-nation ».

Issu d'une famille de militaires, Henri de La Rochejaquelein choisit le même chemin et entre dans la garde constitutionnelle du roi Louis XVI. *La Bretagne moderne*, Pitre-Chevalier, 1860.

Louis-Marie de Salgues, marquis de Lescure, est né à Paris en 1766. Il épouse en 1791 sa cousine Marie-Louise-Victoire Donissan qui deviendra plus tard la marquise de La Rochejaquelein (elle épousera en secondes noces le frère du généralissime) et dont les mémoires sont restés célèbres. *Histoire de France populaire*, Henri Martin, Tome IV.

Il en va de même au château de Préclos, demeure d'un noble du nom de La Ruée. Lorsque les gardes nationaux interviennent, ils arrêtent 18 nobles et 4 paysans…

Et les fauteurs de troubles ne s'arrêtent pas là. En 1792, après la fuite du roi, l'Assemblée nationale déclare « la Patrie en danger ». Pourtant, dans la région de Challans, cette déclaration, selon les autorités, « a fait dans la majeure partie des esprits une impression opposée aux vues de l'Assemblée nationale. […] Des sentiments d'allégresse se sont manifestés, dans l'espoir d'un moment qu'ils osent envisager comme heureux, celui d'une contre-révolution qui, avec l'ancien ordre des choses, leur rendrait leurs prêtres ».

Des troubles éclatent sous la direction des petits nobles restés au pays. Prenant comme prétexte le refus d'aller aux frontières, des bandes se forment mi-août, qui marchent sur les gros bourgs des alentours : La Forêt-sur-Sèvre, Saint-Jouin, Milly, Cerisay, Pugny. Puis c'est Châtillon qui est attaqué par 7 000 hommes, juste avant Bressuire, où l'affrontement est dramatique : les gardes nationaux tirent contre les insurgés, faisant près de 500 morts.

Entre l'échec de la Proutière au printemps 1791 et celui de Bressuire à l'été 1792, il faut également compter avec celui de Paris…

En juin 1792, quelques anciens de la garde constitutionnelle de Louis XVI, parmi lesquels Henri de La Rochejaquelein, Lescure, Charette et Bernard de Marigny, s'étaient effectivement préparés à « sauver le Roi ». Mais leur complot est découvert et ils ne devront finalement leur salut qu'à la fuite. Déconfits, ils retournent chez eux… en Vendée !

François Athanase Charette est, de tous les grands chefs vendéens, le plus connu. De nombreux ouvrages hagiographiques en ont fait un héros doté d'un grand panache, mais il reste un personnage très controversé. *La Bretagne moderne*, Pitre-Chevalier, 1860.

Les enrôlements volontaires.
Sur les places sont dressés des échafaudages sur lesquels siègent des officiers municipaux et des notables entre les drapeaux des bataillons : une planche posée sur des tambours leur sert de table pour écrire les noms de ceux qui viennent s'enrôler.
Histoire de la Révolution française, M.A. Thiers, Tome 1, 1867.

Exécution de Louis XVI sur l'échafaud le 21 janvier 1793.
Histoire de France populaire, Henri Martin, Tome IV.

Mais dépérissent-ils vraiment au fond de leurs châteaux ces hommes qui semblent pourtant si déterminés ? Ne se préparent-ils pas plutôt à donner une suite plus réussie à ces premières insurrections avortées ?

D'autant que la situation est grave pour la France révolutionnaire…

L'étincelle qui met le feu aux poudres : la levée des 300 000 hommes

La République manque de soldats

Au tout début de l'année 1793, l'Armée républicaine est confrontée à un sérieux manque d'effectif : les hommes qui s'étaient enrôlés volontairement en 1791 font valoir le décret publié l'année de leur engagement qui leur donne droit de se libérer « dans le délai prévu pour la fin de la campagne » (c'est-à-dire le 1er décembre 1792) pour quitter leurs bataillons.

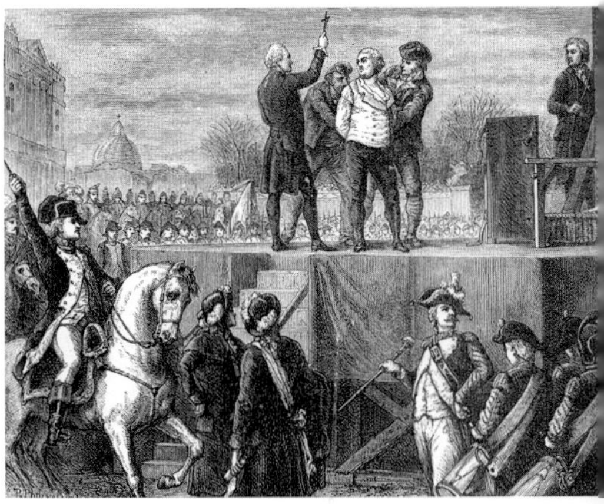

La Convention tente d'empêcher ce qu'elle considère presque comme des désertions, mais parvient tout juste à freiner ces départs massifs.

Et pourtant, jamais peut-être autant qu'à ce moment-là, elle n'a eu un aussi considérable besoin de soldats…

En effet, si le procès de Louis XVI, le 11 décembre 1792, suivi de son exécution le 21 janvier 1793, a causé une vive impression sur le pays, ces événements ont également frappé l'Europe entière d'une forte « émotion monarchique », selon l'expression d'Albert Soboul.

Par ces actes, la Convention a coupé les ponts derrière elle. « Nous voilà lancés, les chemins sont rompus derrière nous, il faut aller de l'avant, bon gré mal gré, et c'est à présent surtout qu'on peut dire : Vivre libre ou mourir », écrit Lebas, député du Pas-de-Calais le 20 janvier 1793.

La guerre entre la France « révolutionnaire et régicide » et l'Europe d'Ancien Régime est inévitable et va s'étendre rapidement. D'où la situation difficile a laquelle la Convention doit faire face : qui dit guerre, dit besoins supplémentaires de soldats !

Un décret de réquisitionnement plus que maladroit

Sur un rapport que Dubois-Crancé présente le 25 janvier 1793, Paris adopte une décision de principe complété par un décret, afin de remédier à cette carence de soldats : ces textes vont organiser la levée de 300 000 hommes.

Sont susceptibles d'être réquisitionnés « tous les hommes âgés de 18 à 40 ans, célibataires ou veufs sans enfant ». Tous ne le seront pas : un contingent de soldats « volontaires » est fixé par département, qui tient compte des effectifs déjà fournis lors des précédentes levées.

À la charge des représentants du pouvoir sur place de répartir les départs entre les hommes… au cas où les enrôlements volontaires ne permettraient pas d'atteindre le contingent fixé. On laisse aux citoyens la possibilité de déterminer, à la pluralité des voix, le mode suivant lequel le complément d'hommes en partance sera choisi.

Funeste erreur…

La déclaration du péril national est promulguée le 22 juillet 1792 avec cet appel : « La Patrie est en danger ! » Dix mille jeunes gens environ s'engagent dans les premiers jours. Mais la République va vite manquer de soldats…
Histoire de France populaire, Henri Martin, Tome III.

Car au palmarès paysan des institutions les plus détestées de l'Ancien Régime, figurent en bonne place la milice et l'obligation de fournir par le tirage au sort les recrues de complément à l'armée !

Des réactions immédiates

C'est donc aux cris de « La paix, la paix, pas de tirement », « Tous ! Tous ! Ou personne ! » et éventuellement de « Pas de recrutement, pas de tirage, à bas la République. Vive l'Ancien Régime ! Vive le Roi » que les hommes d'une bonne partie de la France commencent à se soulever dès le début du mois de mars.

Beaune, Vire, Clermont-Ferrand et quelques bourgs du Cher grognent. Grenoble,

Un représentant du peuple en mission aux armées.
Histoire de France populaire, Henri Martin, Tome IV.

Dunkerque et Angoulême grondent. Le Mans, Autun, Châtillon-sur-Seine et Bordeaux manifestent. Tournais ainsi que quelques villes de la Côte-d'Or conspirent. Montargis connaît des émeutes et Orléans des batailles. Nice se retourne contre les soldats, quand le Nord et le Nord-Pas-de-Calais bougent. Les habitants des Vosges et de la Moselle s'agitent, et les départements montagneux du Massif Central perdent contenance : l'Aubrac et les Margerides s'affolent. Paris n'est pas exempt d'agitation : nombreux sont ceux qui pensent que la capitale a « assez donné », et que ce serait légitime que les autres départements prennent le relais.

Le gouvernement réagit en créant le 9 avril 1793, dans tous les départements de France, un « comité central de surveillance » chargé de veiller « à la sûreté générale et la tranquillité publique ». Le 19 avril, il lui adjoint une armée de 5 000 hommes par département. Les fauteurs de troubles sont le plus souvent jugés puis guillotinés. Il s'agit de juguler le plus rapidement possible les risques de propagation des émeutes.

Quant à la situation dans le Grand Ouest...

La levée des 300 000 hommes fut déterminante dans le soulèvement des paysans. Ici, la mort de Sauveur, telle qu'elle fut représentée comme victime de la barbarie des insurgés dans les livres d'histoire du XIXe siècle. À La Roche-Bernard, entre Nantes et Vannes, les paysans traînent Sauveur, le président du directoire du district, au pied d'un calvaire pour lui faire faire amende honorable. À l'ordre de crier « Vive le roi ! », il répond par le cri de « Vive la République ! ». *Histoire de France populaire*, Henri Martin, Tome IV.

Pour bien saisir les fondements des troubles qui vont naître de cette levée des 300 000 hommes, il est important de ne pas oublier le pendant institutionnel de ces premiers soulèvements : à ces réactions populaires du début du printemps, correspond celle de la Convention. Dès le 9 mars, l'ensemble des départements du territoire va être « visité » par 82 commissaires chargés de veiller à ce que le décret du 24 février soit appliqué. Ils ont comme mission d'expliquer les modalités de la fameuse levée et sont, officieusement, chargés d'informer la capitale des faits et gestes de chacun. Leur objectif est simple : comme « ils luttent pour assurer la défense de la Patrie et de la Révolution au moment du danger », ils dénoncent immédiatement ceux qui s'opposent au succès du recrutement ou ceux qui sont suspectés de s'y opposer.

À la lumière de cette donnée, la levée des 300 000 hommes prend un nouveau visage : elle devient également un test politique pour la Convention ; les amis et surtout les ennemis de la Révolution se démasquent.

Le climat, on l'imagine, n'est pas très sain...

Dans les départements peu touchés par les rébellions, les déficits en « volontaires » sont substantiels : ils peuvent atteindre 28 % pour le Nord, 74 % pour les Alpes, et jusqu'à 79 % pour les Pyrénées. Et il s'agit de régions plutôt « dociles » !

Chaque département doit contribuer à cet effort de guerre en proportion de sa population et en tenant compte des volontaires qu'il a déjà fournis lors de la précédente levée. Les départements de l'Ouest n'en avaient envoyé que très peu : ils se voient donc dans l'obligation de consentir un effort supplémentaire.

Représentation classique d'insurgés vendéens lors d'une pause entre deux batailles.
Histoire de France populaire, Henri Martin, Tome IV.

C'est cet impératif, doublé des modalités controversées de tirage dans un climat délicat, qui est à l'origine de l'ampleur de l'insurrection. C'est là, sans doute, qu'il faut chercher la spécificité vendéenne, sans oublier la noblesse qui « attend et se prépare » dans ses châteaux...

On ne décompte, mi-mai 1793, que 96 895 hommes effectivement engagés pour l'ensemble du territoire et 37 515 qui se déclarent prêts à s'enrôler : la moitié au mieux des 300 000 hommes est concrètement disponible ! Et encore faut-il souligner qu'il s'agit d'hommes qui ne manifestent pas l'enthousiasme révolutionnaire des volontaires de 1791 et 1792...

Une levée qui n'a pas donné les résultats escomptés, une bonne partie de la France qui exprime ouvertement ses mécontentements, des relations avec les cours des voisins européens de plus en plus tendues : la situation en cette veille d'été, n'est pas des plus réjouissantes.

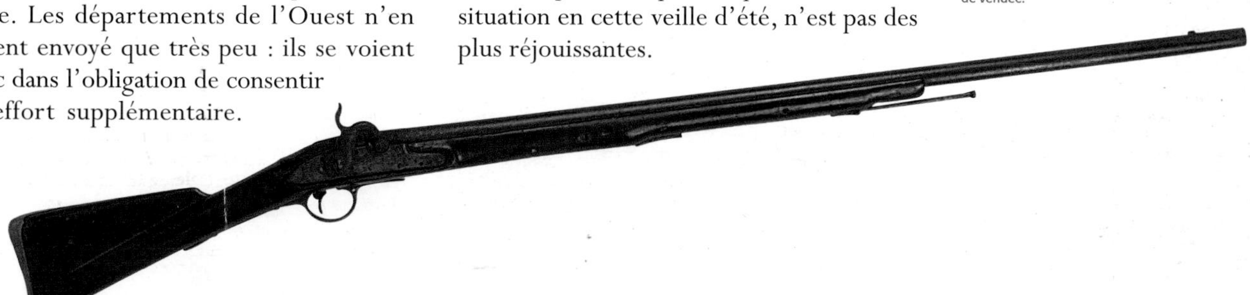

Fusil Tower.
Ce fusil anglais à long canon a été produit sous le règne de George III (1760-1820).
© Conservation des musées de Vendée.

La guerre commence

Mars 1793 : les premiers affrontements

Cholet : de la contestation à l'embrasement

Les premiers incidents significatifs ne tardent pas. Début mars, la jeunesse d'un petit bourg vendéen s'enflamme… et la guerre de Vendée commence !

Capitale des Mauges, la ville de Cholet compte 8 444 habitants en 1790 (elle en perdra près de la moitié à la fin de la Révolution). Centre d'une importante industrie de toiles et de mouchoirs, son activité est organisée selon un système de « manufacture dispersée » : c'est-à-dire que les négociants y font travailler à façon les tisserands de la ville ou de la région.

Il n'est pas inintéressant de souligner, pour la compréhension des événements, que les relations entre tisserands et négociants ne sont pas exemptes de tensions : le premier motif de discorde date d'un traité signé en 1786, qui avait ouvert le marché français à la concurrence anglaise. Sans parler de véritable crise, la situation des ouvriers s'était détériorée. Ce ressentiment s'exacerbe au début de la Révolution, lorsque chacun « choisi son camp » : les maîtres de manufacture penchent plutôt du côté des patriotes, ce qui n'est pas le cas des tisserands…

Le 3 mars 1793 au matin, donc, les jeunes gens du village de Cholet rassemblés sur la place pour le tirage au sort font savoir qu'ils ne partiront pas. La foule scande : « Nous ne donnerons pas nos noms pour le tirage au sort. À bas la garde armée ! Aux habits bleus de partir ! Aux fonctionnaires de commencer ! » À leur tête, se trouvent les « tissiers » de la ville.

Poché-Durocher, commandant de la garde nationale, assisté par Combault, capitaine des grenadiers, essayent de parlementer avec la foule. Ils n'en ont pas le temps ! Ils sont, avec leurs cinq hommes, immédiatement neutralisés.

Qui donne alors l'ordre de disperser les émeutiers avec une salve de fusil ? On ne sait pas, mais quelques hommes tombent, tandis que les autres se sauvent. La contestation va se muer en fureur…

C'est à ce moment précis, disent certains, que commencent les guerres de Vendée…

La protestation gagne

La protestation gagne les hameaux de Bégrolles, Le May et Andrezé. Puis Clisson est menacé par 15 000 paysans. Machecoul est, le 11 mars, le théâtre de heurts violents : Gachignard, à la tête d'une garde nationale en sous-effectif, tire sur la foule. Les révoltés se ruent sur les « habits bleus » et les tuent. Paimboeuf est attaqué par les troupes insurgées. Le « feu patriote » les arrête.

Après avoir fait tomber Savenay, les insurgés, dirigés par Gaudin-Berillais, se retrouvent aux portes de Nantes. La foule demande la suppression de la levée des 300 000 hommes, des corvées et des réquisitions, le rétablissement de la liberté de culte, ainsi que l'abolition de tout impôt qui ne serait pas établi par les communes elles-mêmes.

Page de gauche :
« Mort du Général Beaupuy », par Alexandre Bloch.
Cette scène se situe vraisemblablement à Château-Gontier, où le général républicain Beaupuy est grièvement blessé le 25 octobre 1793. Mais il rejoint par la suite l'armée du Rhin et Moselle et il est tué par un boulet de canon en 1796 à Emmendingen. Le titre de ce tableau ne revêt donc pas, comme souvent dans l'art officiel, une grande exactitude.
Musée des Beaux-Arts de Rennes, photo Adélaïde Beaudoin.

« Le massacre de Machecoul », par François Flameng (1884). Le 10 mars 1793, le bourg de Machecoul est attaqué par les insurgés, causant la mort de plus d'une centaine d'habitants. Ce massacre fut considéré par les Républicains comme un exemple de la cruauté des Vendéens, et, à ce titre, souvent évoqué dans l'imagerie républicaine du XIXe siècle. Collection musée d'Art et d'Histoire de Cholet, cliché Patrick Pestre, dépôt du Fonds national d'Art contemporain.

Au nord, ce sont les jeunes gens du village de Saint-Florent-le-Vieil qui s'opposent aux tirages au sort. Six cents paysans tiennent tête à 150 gardes nationaux. Les affrontements tournent au désavantage de ces derniers, qui se voient contraints de fuir. Les « bleus » vaincus, la foule pille la caisse du district avant de se rendre dans les auberges de la ville.

Bonchamps réagit vite : il comprend qu'il faut empêcher ces insoumis d'un jour de ren-

« Les Vendéens demandent à Cathelineau de prendre la tête de l'insurrection », par Jean-Hubert Sauzeau (1900). Musée de Niort © Conservation des musées de Vendée.

trer tranquillement chez eux après la bataille. Avec l'aide de Perdriault, il prend en main la foule disparate et la structure. Il fait armer les paysans, et leur inculque les rudiments de l'art militaire.

La Vendée s'organise…

Dans son village, un cultivateur du nom de Cathelineau rassemble ses voisins, fait sonner le tocsin et demande au prêtre de bénir sa troupe. Après avoir fait abattre le drapeau tricolore, il part rejoindre les troupes de Bonchamps.

La Vendée s'étend…

Le 11 mars, les autorités de Nantes adressent une dépêche alarmante aux généraux Bourdonnais et Marcé : « Citoyens, la sédition et l'insurrection ont éclaté dans les campagnes ; à Couëron, Doulon, Mauves, à la porte de Nantes ; à Saint-Philibert, district de Machecoul, à La Haie, district de Clisson ; au Cellier, dans celui d'Ancenis, à Blain, à Savenay, sur tous les points de notre territoire, des attroupements se sont formés ; on a forcé les maisons des bons citoyens, on a enlevé leurs armes, on a dévasté les maisons communes, arraché les fusils qui y étaient en dépôt, on a mis en fuite et maltraité des

Scènes de la vie de Jacques Cathelineau : son engagement dans les troupes insurgées en mars 1793, l'une de ses victoires et sa mort le 14 juillet 1793. Une épopée de quatre mois…
Mémoires de la marquise de La Rochejaquelein.

Surnommé « le saint d'Anjou », Cathelineau, dans une représentation idéalisée.
La Bretagne moderne, Pitre-Chevalier, 1860.

officiers municipaux ; des commissaires de districts ont été repoussés ; un citoyen de Lorme a été assassiné et mis en pièces. Nous apprenons à chaque instant des nouvelles plus alarmantes les unes que les autres. “Point de Roi, point de lois !” est le mot de ralliement des brigands, et le fanatisme et la fureur les guident. Dans cet état de crise et d’insurrection générale, quelles sont nos ressources ? Nous avons plus de cent mille séditieux à réprimer, plus de cent mille hommes encore chancelants à contenir, et nous n’avons, pour opposer à tant d’ennemis coalisés, que la seule garde nationale de la ville de Nantes. Que serait-ce, citoyens, si l’ennemi de l’extérieur venait joindre ses forces à ces brigands, et effectuait en ce moment une descente ? »

Prise du château de Jallais, où des soldats de ligne et des gardes nationaux tiennent garnison, par des paysans commandés par Cathelineau le 13 mars 1793.

C’est lors de l’attaque du château de Jallais que les Vendéens prennent leur premier canon qu’ils nomment « le Missionnaire ».
La Bretagne moderne, Pitre-Chevalier, 1860.

Le 13 mars, les troupes commandées par Perdriault et Cathelineau s'emparent de Jallais. Il ne s'agit pas d'une victoire méritoire, puisque les gardes nationaux ne sont que 150 ; mais le succès réside dans la prise d'un précieux butin : l'artillerie. De nombreux paysans rejoignent les vainqueurs.

Le bourg de Chemillé tombe un peu plus tard après quelques échanges de coups de canon et de fusils.

Puis le 14 mars, les insurgés marchent de nouveau sur Cholet défendue par 500 gardes nationaux secondés par 80 cavaliers. Une sommation signée « Stofflet Commandant » et « Barbotin aumônier » est envoyée aux autorités de la ville. Elle est succincte et claire : « Il est enjoint aux habitants de Cholet de livrer leurs armes aux commandants de l'Armée chrétienne forte de trente mille hommes, promettant dans ce cas seulement d'épargner les personnes et les propriétés. »

Le marquis de Beauvau, « noble passé à la République » qui dirige les troupes patriotes avec le lieutenant Guérard, ne se laisse pas impressionner par la menace des révoltés : il harangue la foule et l'affrontement s'engage. Cette bataille est sans doute la première d'une telle envergure : 500 patriotes seront tués. Du côté des assaillants, on décompte une quarantaine de morts. Les attaquants victorieux prennent la ville et pillent les maisons des patriotes.

D'Elbée, dans un geste de pardon, fait épargner des prisonniers républicains, à la suite de la bataille de Chemillé, en avril 1793. Ce tableau d'Edmond de Boislecomte est communément appelé « Le Pater d'Elbée ».
Collection musée d'Art et d'Histoire de Cholet, cliché René Golder – Cholet.

Dans cette illustration originale de J. Le Blant, réalisée en 1896 pour le livre de Gustave Toudouze, « La Vengeance des Peaux-de-Bique », la chemise sanglante d'un général sert de sinistre étendard à ces républicains en plein combat.

Les événements s'accélèrent

En à peine cinq jours, les insurgés, de plus en plus nombreux, se rendent maîtres de la région des Mauges, ce territoire qui s'étend au sud de la Loire et avoisine le Haut-Poitou entre le bocage vendéen (Mortagne) et celui des Deux-Sèvres (Bressuire, Argenton-Château). Comme le bocage vendéen, les Mauges forment un plateau granitique et schisteux profondément entaillé par des vallées étroites. On n'y compte que peu de routes et une végétation très dense : c'est donc un endroit propice aux embuscades !

Le 16 mars, la foule des émeutiers, toujours conduite par Stofflet, se trouve devant le village de Coron. Là encore, l'affrontement tourne au désavantage des gardes nationaux : ils partent se réfugier à Saumur.

Les jours suivants, les bandes vendéennes convergent pour s'emparer de Chalonne, l'avant-poste d'Angers. Ce sont entre 20 000 et 40 000 hommes (selon des chiffres qui varient d'un spécialiste à l'autre), qui s'y retrouvent pour former une armée aux ordres d'anciens officiers des armées du roi.

Son point faible demeure le manque de fusils et de poudre : elle n'a pour attaquer que le nombre impressionnant d'hommes qui la composent, et quelque vingt-cinq canons pris sur les vaincus. Mais elle s'organise de mieux en mieux…

Chalonne attaquée, c'est Angers que l'on menace… tous les patriotes armés que l'on trouve sont rassemblés. Une force de 4 000 hommes dotée de cinq canons est rapidement mobilisée pour défendre la ville.

Angers se trouve dans une situation particulière : « ville d'universités », elle est assez tôt conquise par les idées révolutionnaires et prend part avec enthousiasme à l'élan patriotique de 1791-1792, en envoyant, selon les calculs que Petifrère présente dans son ouvrage, près de 4 000 candidats aux trois premiers bataillons de volontaires. Un nombre élevé par rapport aux moyennes nationales, et presque exceptionnel pour la région du Grand Ouest !

Sa campagne et les bourgs environnants, en revanche, se placent très en retrait du mouvement révolutionnaire. Si la région semble plutôt favorable aux événements de 1789, les réformes économiques, sociales et religieuses mises en place après cette date la déstabilisent. Cette « ville patriote » se voit donc entourée par une région plutôt rétive aux idées révolutionnaires, voire carrément hostile, comme c'est le cas des Mauges, bastion

Stofflet, grand chef militaire, n'a pourtant pas réussi à s'imposer comme patron de l'armée catholique et royale.
Histoire de France populaire, Henri Martin, Tome IV.

de la Vendée, et du Segréen, situé au nord, qui deviendra terre de chouannerie.

Mais, pour l'heure, la garnison angevine tente de défendre Chalonne.

Les insurgés envoient au-devant d'eux le sieur Brousseau, commandant des gardes nationaux capturé lors de la bataille de Jallais, porteur d'un ultimatum : soit les patriotes se soumettent, soit la ville est mise à sac. Le message signé Barbotin, Stofflet, Bonchamps et Leclerc commence par une invocation à Dieu et se termine par « Nous allons chez vous, au nom de l'humanité ».

Vial, le maire de Chalonne suivi par les commandants de la garde municipale, encourage ses troupes à défendre la ville. Mais la majorité des officiers municipaux, que la perspective d'une destruction des bâtiments et des violences faites aux personnes n'enthousiasme pas, impose la reddition. Les troupes de gardes nationaux rejoignent leurs garnisons après avoir jeté leurs canons dans le fleuve… Les émeutiers défilent dans les rues de Chalonne aux cris de « Vive la religion » et tiennent parole : seule la maison du maire sera détruite.

À 25 kilomètres de là, Angers se prépare à être attaquée…

Mais l'attaque ne vient pas : la Grande Armée s'est dissoute ! Les paysans ont le sentiment d'avoir obtenu gain de cause : ils se sont rassemblés et armés contre la levée des 300 000 hommes, non pour marcher sur une quelconque ville et rétablir la monarchie. Le tirage écarté, ils n'ont plus de risque de se voir soldats : ils retournent donc à leurs labours.

Au grand dam des chefs nobles, les événements de Chalonne s'apparentent davantage à une jacquerie contre les exigences de la Nation qu'à un soulèvement contre-révolutionnaire…

Lors d'un combat, prise par les Vendéens d'un canon dont ils font leur mascotte et qu'ils baptisent « la Marie-Jeanne ».
Souvenirs du bocage vendéen, Dom Joseph Roux, 1898.

Charles-Henri de Sapinaud de la Rairie succède à son oncle Sapinaud de Bois-Huguet, général de l'armée du Centre, à la mort de celui-ci.

Le projet de Marcé et l'Armée du Centre

Mais, de leur côté, les patriotes n'ont pas non plus lieu de se réjouir : si le soulèvement semble avoir pris fin en Maine-et-Loire, il n'en va pas de même dans les autres régions de l'Ouest.

Le 15 mars, les insurgés de l'Armée du Centre avaient organisé, sous le commandement de Royrand, Sapinaud, Baudry d'Asson, Puyravault, Aimé de Vaugirard, Girard de Beaurepaire et Boutillier du Rétail, une attaque aux Quatre-Chemins-de-l'Oie, carrefour des routes de Nantes, de La Rochelle, des Sables-d'Olonne et de Saumur. Ils avaient manifestement eu vent du projet d'un certain Marcé…

Fouquier-Tinville, accusateur du Tribunal criminel extraordinaire à partir du 13 mars 1793.
Histoire de France populaire, Henri Martin, Tome IV.

Le général Marcé, chargé de la lutte contre les émeutiers de Vendée, avait effectivement écrit depuis Rochefort une lettre aux ministres datée du 13 mars, dans laquelle il exposait son plan militaire : « Je prends toutes les troupes disponibles dans cette ville et à La Rochelle. Je traverserai la Vendée dans toute son étendue pour atteindre Nantes. Mon projet est d'en imposer aux malveillants ou de les réduire… Nous ne rentrerons, nous ne séparerons nos forces que quand les peuples égarés seront soumis ou repentants. »

Il quitte donc La Rochelle le 15 mars, à la tête d'un bataillon composé de 2 200 hommes, de 100 cavaliers et de 8 canons.

Certes, à Chantonnay, les insurgés sont surpris par le nombre de soldats et rapidement défaits, mais si la troupe s'éparpille, c'est pour mieux se préparer !

Au soir du 19, l'Armée de Marcé bivouaque près de Saint-Vincent-Sterlange, en un lieu particulièrement mal situé pour parer à une attaque. Et ce sera en chantant,

paraît-il, une *Marseillaise* quelque peu travestie, que les insurgés attaqueront.

« Allons les armées catholiques,
Le jour de gloire est arrivé ;
Contre nous de la République
L'étendard sanglant est levé. »

Les pertes seront lourdes dans le camp des patriotes. Plus de cinq cents des hommes de Marcé sont égorgés, et c'est sans compter ceux qui succombent sous les balles et les coups de canon… C'est la panique et la débandade : les soldats prennent la fuite et ne s'arrêtent qu'à La Rochelle.

Le général Marcé est incarcéré immédiatement à son arrivée dans la ville. Son procès sera plus tardif, puisqu'il n'aura lieu qu'en janvier 1794, mais n'en sera pas moins d'une incroyable sévérité. Ses juges, Fouquier-Tinville en tête, l'accuseront d'avoir trahi les intérêts de la République et de s'être rendu coupable de négligence et d'indignité, abandonnant les troupes en désordres et l'artillerie exposée. Il sera exécuté le lendemain…

Dans la bataille, l'Armée du Centre perd un chef : le général Sapinaud de Bois-Huguet, et gagne un canon, de la poudre à profusion ainsi que des fusils.

Ce même jour, les Vendéens du marais dirigés par Guerry de la Fortinière autoproclamé « commandant pour le Roi à Noirmoutier », s'emparent de l'île sans que celle-ci n'offre de résistance.

L'insoumission gagne le Morbihan

Dans le Morbihan, autour de la ville d'Auray, les insurgés se battent également. La bataille de Mané-Corohan, par exemple, est représentative de ces émeutes violentes à l'encontre non pas de la Révolution et de ses idées, mais de la levée des 300 000 hommes et surtout d'une certaine partie de la bourgeoisie « profiteuse de la Révolution ».

Les émeutes commencent le 19 mars au matin par la sonnerie du tocsin dans les églises de tout le pays d'Auray. Les hommes rassemblés se dirigent vers le bourg de

« La défense de Rochefort-en-Terre », par Alexandre Dloch (1885).
Le 16 mars 1793, une armée d'insurgés, commandée par le chevalier de Silz, s'empare de la ville, réputée républicaine. Ce tableau décrit l'un des combats autour du calvaire, situé près de l'église Notre-Dame-de-la-Tronchaye.
Cliché Michel Frelezaux, Conservatoire départemental du patrimoine, Conseil général du Morbihan.

« Le tocsin des chouans » par Léon Couturier. Le tocsin est alors le meilleur moyen de rassembler les paysans disséminés dans les campagnes.

Locmaria, pour les habitants des communes littorales, et vers les hauteurs de Mané-Corohan, pour ceux de l'intérieur des terres. Les bourgeois qui se sont porté acquéreurs des biens nationaux vont être les premiers visés par la colère des paysans. Aux alentours d'Hennebont, le citoyen Rousse est tué ; il s'était rendu acquéreur, en septembre 1790, de bâtiments dépendant de Sainte-Anne-d'Auray. Étienne Audran, boulanger de son état, connaîtra le même sort pour avoir acheté une maison et un jardin appartenant aux moines de la même abbaye. Puis c'est vers Auray que la foule se dirige. Elle clame son intention de « s'emparer de la ville, de brûler ses papiers et de tuer ses administrateurs et patriotes ».

Mais la ville est préparée à l'attaque : sa garde nationale a été renforcée par un détachement du régiment du Cap et de 300 hommes venus de la garnison de Belle-Île. L'affrontement tournera au désavantage des 3 000 émeutiers. Le lendemain, un arrêté est pris, qui stipule qu'« on fouillera les villages, on visitera les malades pour s'assurer qu'ils ne sont pas blessés et dans ce cas, s'ils sont transportables, ils seront conduits à Auray où l'on prendra leur nom, leur âge et leur déclaration. On se saisira des personnes désignées

et celles qui sont armées. On s'emparera des munitions de toute espèce. Le détachement sera nourri aux frais de la paroisse reconnue insurgée ». Pendant deux mois, et après avoir fait descendre les cloches des églises pour éviter tout appel aux paysans, le juge de paix d'Auray et ses assesseurs parcourront les communes insurgées pour en chercher les meneurs. Ils recherchent en particulier un certain Georges Cadoudal, qui s'est distingué au combat de Mané-Corohan...

« Les chouans », tableau de M. de Gironde. Image emblématique que ces chouans défendant le porche d'une église. *Le mois littéraire et pittoresque*, Tome XI, janvier-juin 1904.

« Une messe en mer », par Louis Duveau (1864). Dans ce tableau, Duveau fait référence à la ferveur religieuse des Bretons, la mer étant alors le seul endroit, avec les forêts, où les prêtres peuvent célébrer la messe : de la pénombre ambiante, surgissent la torche et la blancheur des vêtements de l'officiant, mettant ainsi en valeur l'hostie qu'il présente. Rennes, musée des Beaux-Arts, RMN © Patrick Merret.

Dans toute la Vendée royaliste, les ailes des moulins sont immobilisées « en quartiers ». Comme les moulins communiquent entre eux, les meuniers avertissent en temps réel les armées royalistes des mouvements républicains. Les principaux messages codés transmis par les moulins sont les suivants : 1. en quartier : « Calme ou repos » ; 2. en jambe de chien droite : « Danger écarté, les Bleus reculent » ; 3. en jambe de chien gauche : « Danger, les Bleux arrivent » ; 4 . en bout de pied : « Rassemblement ».
Île de Noirmoutier, Bruno Barbier, Éd. Ouest-France.

Les premiers revers des troupes de rébellion

À partir des derniers jours du mois de mars, les troupes « blanches » connaissent leurs premiers véritables revers : le 23, tout d'abord, lorsqu'elles perdent la bataille de Pornic. Tout avait pourtant commencé favorablement : le petit port s'était certes préparé à une attaque des armées insurgées, puisque toute la côte, de Saint-Gilles à l'estuaire de la Loire, était tombée à leurs mains. Mais quelles chances de victoire peuvent avoir les 1 000 gardes nationaux secondés de 550 fusiliers marins face aux colonnes qui s'avancent, aux cris de « Pornic, Pornic, nous voulons Pornic » ?

Mais l'attaque de la ville se déroule dans la plus grande confusion : la colonne vendéenne de gauche, partie de Machecoul sous la direction de la Roche-Saint-André, croyant avoir à faire à des républicains, commence à tirer sur celle de droite, partie de Bourgneuf, conduite par La Cathelinière !

Les patriotes, eux, effrayés par le nombre d'attaquants, se sont éclipsés...

Les insurgés, assurés de la victoire, se ruent sur les caves des cabarets. La Grande Armée, à cet instant, n'existe plus... Les chefs Vendéens admonestent en vain une troupe de gens ivres, et tentent sans succès de les prévenir de l'arrivée de renforts patriotes. Ceux-ci, au nombre de 60 ou de 150, selon les sources, font 200 morts et 250 prisonniers.

À quelques kilomètres de là, le 24, les 5 000 ou 6 000 hommes placés sous la direc-

« La petite patriote », tableau de Mme de Champ-Renaud. Dans un bivouac de blancs, est amenée une fillette sur laquelle on a trouvé une cocarde tricolore. C'est peut-être une espionne, mais l'interrogatoire reste bon enfant. Cette image naïve tente de réconcilier les deux camps dans une vision idéaliste de l'indulgence. *Le Petit Journal*, août 1894.

tion de Jean-Baptiste Joly, un « démocrate royaliste » selon sa propre expression, autoproclamé « commandant général du camp sous les Sables-d'Olonne », se font battre devant la ville par les gardes nationaux des Sables-d'Olonne et de l'île de Ré commandés par le conventionnel Gaudin et le colonel Foucault.

Le 27, Joly fait sonner le tocsin dans toute la Basse-Vendée pour que les insurgés réitèrent leur attaque. Les hommes sont moins nombreux que lors du premier assaut, et se font à nouveau vaincre. Ils laissent derrière eux entre 300 et 500 morts, une centaine de prisonniers et toute leur artillerie. Vainqueurs, les patriotes sablais font venir la guillotine de Fontenay afin de faire tomber les « têtes contre-révolutionnaires » : 45 exécutions auront lieu, après un rapide procès.

Ce même jour, Charette organise une nouvelle attaque sur Pornic. Cette fois-ci, les insurgés sont victorieux.

Une fois Pornic aux mains des insurgés, les patriotes de Paimboeuf tremblent : ils savent que la prise de ce petit bourg permettrait aux rebelles de se rendre maîtres de l'embouchure de la Loire, menaçant ainsi la ville de Nantes. Ils ont tort : tout comme elles ont négligé de profiter de la prise de Guérande pour provoquer la grande ville, les troupes insurgées tournent le dos au petit port de pêche dès que celui-ci est pris...

Costumes des soldats de la République (cavalerie).
Histoire de France populaire, Henri Martin, Tome IV.

Le mois de mars se termine sur cette incompréhensible occasion ratée...

Est-ce de la faute des chefs vendéens qui n'ont pas su voir l'opportunité qui s'ouvrait à eux ? Sans doute doit-on plutôt expliquer cela par la différence de vues existant entre l'encadrement vendéen, composé d'hommes qui ont effectivement des visées nationales et politiques, et les hommes engagés à leurs côtés qui ne sont pas nécessairement aussi contre-révolutionnaires qu'eux. Après chaque bataille ou presque, ces soldats de fortune rejoignent leurs familles et leurs travaux agricoles.

Les armées « blanches » sont faites d'une foule fluctuante de paysans qui s'engagent et se désengagent...

Costumes des soldats de la République en 1793 (infanterie et artillerie).
Histoire de France populaire, Henri Martin, Tome IV.

Les forces en présence

Les forces de la Nation

Cependant, en ce printemps 1793, la Convention doit se rendre à l'évidence : que la foule des combattants soit fluctuante ou non, le gouvernement n'est plus face à une jacquerie que ses soldats auraient tôt fait de mater, il doit désormais affronter une guerre... Et il lui faut s'organiser en conséquence.

Jean-Antoine Rossignol, général de brigade en Vendée, est nommé général en chef de l'armée de l'Ouest en juillet 1793.
La Bretagne moderne, Pitre-Chevalier, 1860.

Costume d'un soldat de l'armée de Mayence.
La Bretagne moderne, Pitre-Chevalier, 1860.

Le 30 avril, sur un rapport de Cambon, la Convention réorganise donc les forces de la Nation : il y aura dorénavant onze armées. La région du Grand Ouest en compte trois pour elle seule dont l'Armée des Côtes de La Rochelle ; son territoire d'intervention s'étend de l'embouchure de la Gironde à celle de la Loire et compte 80 000 hommes placés sous le commandement de Leigonier puis de Biron avant que

Westermann n'en prenne la direction ; l'Armée des Côtes de Brest est chargée d'assurer la protection des côtes entre l'embouchure de la Loire et Saint-Malo. Jusqu'en octobre 1793 elle sera commandée par le général Canclaux puis par Rossignol jusqu'en mai 1794, enfin par Hoche du 10 novembre 1794 au 9 septembre 1795.

Le 5 octobre 1793, la Convention remaniera légèrement cette disposition en créant l'Armée de l'Ouest à partir de l'Armée des Côtes de La Rochelle, à laquelle s'adjoignent les « Mayençais » de Kléber. Léchelle, Chalbos, Rossignol, Marceau, Canclaux puis Hoche en seront les commandants successifs. Le 8 janvier 1796, elle vote une nouvelle réorganisation des troupes : l'Armée des Côtes de Brest et celle des Côtes de Cherbourg rejoignent celle de l'Ouest, pour ne former qu'une seule unité, celle de l'Armée des Côtes de l'Océan.

Les armées vendéennes

Dès les premiers moments du soulèvement en mars 1793, les bandes vendéennes s'étaient baptisées « Armée chrétienne », puis « Armée catholique romaine » et enfin « Armée catholique et royale ».

Selon Albert Soboul, cette dénomination permet de penser que les noms donnés aux troupes vendéennes ne sont pas d'origine populaire, mais qu'ils ont été choisis par les chefs nobles, biens renseignés sur l'état des conspirations dirigées par les émigrés depuis Turin et Coblence. Il fonde sa position sur le fait que le comte de Saillans, préparant en Bas-Languedoc le troisième camp de Jalès, se donne dès 1792 le titre de « général de l'Armée chrétienne et royale de l'Orient ».

L'armée vendéenne représentée traditionnellement hérissée de faux et de piques.
Les guerres de la Vendée, E. Bonnemère, 1884.

Ces subtilités linguistiques ne sont certes pas la préoccupation principale de la Convention qui doit, en réalité, affronter non pas une, mais plusieurs armées…

Au sud de la Loire, elle doit combattre l'Armée catholique et royale d'Anjou et du

Henri de La Rochejaquelein a 21 ans lorsqu'il prend la tête des paysans venus lui demander son aide.
Les guerres de la Vendée, E. Bonnemère, 1884.

Le marquis d'Elbée est le second généralissime vendéen. Cet homme pieux, apprécié des paysans, succède à Cathelineau au plus haut poste de l'armée vendéenne.

Haut-Poitou, dirigée par Cathelineau, d'Elbée, Stofflet, Lescure et La Rochejaquelein.

Tandis que, dans le marais breton, elle doit se battre contre l'Armée du Bas-Poitou et du pays de Retz, commandée par Sapinaud, Royrand, Béjarry, et l'Armée de Charette.

Au nord de la Loire, les bandes chouannes qui se joindront aux Vendéens en marche vers Granville prendront le nom d'« Armée catholique et royale du Bas-Anjou et de la Haute-Bretagne ».

Ces titres grandiloquents ne doivent cependant pas cacher la réalité : ils s'appliquent

Homme d'une très grande piété, Lescure est surnommé « le saint du Poitou ».
La Bretagne moderne, Pitre-Chevalier, 1860.

La marquise de La Rochejaquelein (1772-1857) est l'auteur des mémoires les plus célèbres consacrés à la guerre de Vendée. Sa destinée la place au cœur de ce conflit : d'abord épouse du marquis de Lescure, tué en 1793, elle épouse en 1815 Louis de La Rochejaquelein, frère aîné du jeune généralissime vendéen Henri de La Rochejaquelein.
La Bretagne moderne, Pitre-Chevalier, 1860.

Sapinaud succède à son oncle, Sapinaud de la Rairie, comme général de l'armée du Centre.
La Bretagne moderne, Pitre-Chevalier, 1860.

davantage à un regroupement fluctuant d'hommes autour d'un chef qu'à un bataillon structuré de type traditionnel.

Malgré son nom, l'Armée catholique et royale ne manque pas de faiblesses. Les services de santé et d'intendance y sont désastreux ; le nombre de soldats permanents y fait cruellement défaut ; le niveau de l'armement, l'approvisionnement en munitions et en poudre sont toujours insuffisants. Les troupes s'arment sur l'ennemi (prisonnier ou mort) ou en dévalisant les magasins de la République. Mais c'est la cavalerie et l'artillerie surtout qui fait défaut. En fait de cavaliers, l'armée vendéenne ne compte que sur ses chefs nobles, quelques gardes-chasse et sur des paysans en sabots montés sur des chevaux de trait.

Printemps 1793

Un épisode de la bataille de Thouars.

En ce printemps 1793, les affrontements continuent de plus belle... La fin du mois d'avril voit surtout des combats autour de la petite ville de Legé.

Le 22 mars, les soldats de Beysser ont chassé les troupes de Charette de Machecoul. Le 30, ce dernier, secondé par Vrignault, prend sa revanche en emportant la ville de Legé sur les troupes du général Boisguyon. Le 5 mai, cette ville, abandonnée par les insurgés, sera reprise par les patriotes, avant d'être reprise par Charette !

Le 2 mai, les troupes insurgées, dirigées par La Rochejaquelein, remportent la bataille d'Argenton-le-Château. C'est au tour de Bressuire de trembler : ce bourg compte une troupe de 3 000 hommes placés sous la direction du colonel Quétineau. Mais résisteront-ils aux insurgés ? Quétineau en doute, et pense qu'il est préférable de défendre Thouars, une ville plus importante. Le 3 mai, les patriotes évacuent Bressuire laissant derrière eux leur dépôt de munition et des vivres.

Henri de La Rochejaquelein, à qui l'on prête ces paroles adressées à ses hommes : « Si j'avance, suivez-moi. Si je recule, tuez-moi. Si je meurs, vengez-moi ! »
La Bretagne moderne, Pitre-Chevalier, 1860.

Le 5 mai, les insurgés fondent donc sur Thouars. La bataille est longue et fait de nombreuses victimes. Après des heures de fusillade, les patriotes doivent s'avouer vaincus. Quétineau se rend, et avec lui ses officiers, ses soldats, l'artillerie, les fusils, les munitions et le trésor de la ville d'une valeur de plus de 500 000 livres. Les paysans vainqueurs mettent en outre la main sur la presse aux assignats. L'exaltation est à son comble... On met les patriotes à nu, on les fait défiler en les contraignant à crier «Vive le Roi ! Vive la Reine ! Vive Jésus-Christ ! ».

C'est un tournant dans le déroulement des guerres de Vendée ; la prise de Thouars est considérée par les Vendéens comme la plus grande victoire remportée. Est-ce à cause du passé héroïque de la ville ? En raison de ses fortifications réputées imprenables ? De sa situation géographique ? Ou encore du trésor qu'elle a livré ?

Peu importe en fait, peut-être est-ce un peu tout cela. Mais il est un fait certain : au lendemain de la victoire sur Thouars, la Vendée a changé de visage. Ce succès lui a permis de prendre la mesure de sa puissance…

L'émotion gagne les députés de la Convention : le 11 mai, ils votent l'envoi immédiat vers l'ouest de huit bataillons pris sur ceux de Grenoble.

Le même jour, le colonel Quétineau est déclaré traître à la Nation.

Chez les républicains de Saumur, de Niort, d'Angers, de Chinon, de Tours, une certaine émotion est également perceptible : « L'épouvante glace tous les esprits », avouent-ils. Ils ont tort ! Les Vendéens, après un triomphe qui leur aurait ouvert les portes des villes de la Loire, négligent une fois de plus cette opportunité.

À Parthenay, ils lancent leur fameux ultimatum signé cette fois-ci par d'Elbée, La Rochejacquelein, Cathelineau, La Brouëre, des Essarts, d'Armaillé, de Beauvollier, Langlois et Cailleau : « Nous avons pris les armes pour soutenir la religion de nos pères, et pour rendre à notre auguste et légitime souverain, Louis XVII, l'éclat et la solidité de son trône et de sa couronne. Protection sera accordée à tous les braves et honnêtes gens amis du bien public, et malheur aux patriotes invétérés. »

La ville, défendue par 3 000 hommes dirigés par le général Santos, opte pour l'évacuation des soldats. Le succès des troupes insurgées est facile.

Le 13 mai voit un affrontement sanglant entre les troupes de Chalbos et celles des Vendéens à La Châtaigneraie. Les troupes patriotes se replient, laissant 500 morts derrière eux et la victoire aux insurgés. Ceux-ci campent dans les environs.

Le général Beaufranchet d'Ayat, commandant des gardes nationaux de Fontenay, fait envoyer, immédiatement après l'annonce de la victoire de La Châtaigneraie, des suppliques aux garnisons voisines. On accourt effectivement. Mais le général et ses officiers ne sont pas rassurés : le 14, ils décident, en conseil de guerre, de déplacer l'armée disponible à Fontenay vers Niort. Dans toutes les villes des environs, la nouvelle de la « trahison la plus horrible », celle de Beaufranchet d'Ayat, jette l'alarme.

Chalbos et ses hommes prennent position dans la ville. Le 15, ils sont rejoints par la garnison dirigée par Santos. Mais les insurgés ont perdu du temps ; ils auraient pu arriver au moment où la ville était paniquée, ils ne se manifestent que le 16, et se heurtent du coup à des troupes qui les attendent : le combat sera long, et plus de 600 hommes seront tués du côté des « blancs ».

Une des scènes de bataille après le combat : les corps, républicains et insurgés, jonchent le sol.
Mémoires de la marquise de La Rochejaquelein.

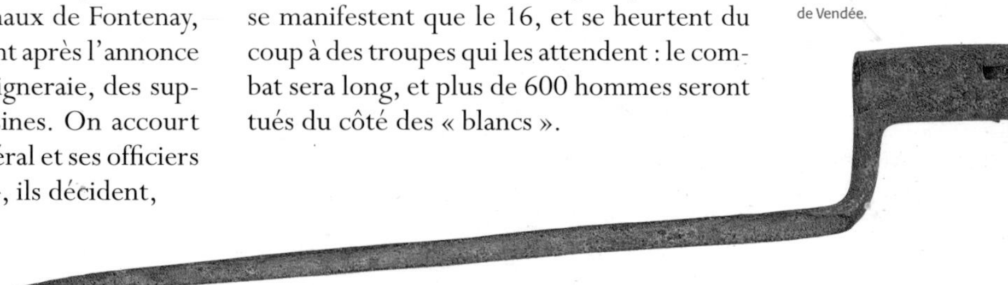

Une baïonnette.
Placée au bout des fusils, elle servait d'arme blanche lorsque les munitions venaient à manquer.
© Conservation des musées de Vendée.

« Les vivants défendent leurs morts », par Georges Clairin : un combat dans un cimetière. Le cadre particulier de cette scène ajoute au caractère sacré des enjeux. Collection musée d'Art et d'Histoire de Cholet, cliché Patrick Pestre.

Le 24, un nouvel affrontement à lieu. La Rochejaquelein, Stofflet, Cathelineau et Bonchamps ont réorganisé leurs troupes. Celles de Chalbos, Beaufranchet d'Ayat et Santos sont prêtes. Émile Gabory prétend que la bataille n'a duré que trois quarts d'heure… Elle se termine en tout cas par la victoire des insurgés. Les républicains perdent beaucoup d'hommes : près de 3 000 prisonniers et quelque 70 morts.

Durant les jours suivants, la ville de Fontenay est mise à sac par les vainqueurs. Les hommes y trouvent des munitions et des armes, qui font toujours défaut aux troupes vendéennes.

Quittant Fontenay, la foule des insurgés se dirige vers Châtillon : cette modeste ville voit ainsi le rassemblement de 15 000 paysans. Puis les troupes prennent la direction de Vihiers, qu'elles atteignent le 6 juin. Elles s'arrêtent à Doué, un bourg qui se trouve à quelques lieues de Saumur. Les armées républicaines se préparent ; si Saumur tombe, la voie est ouverte vers la Loire, et ce sont les villes d'Angers, de Nantes et de Tours qui seront menacées. Le 7 juin, l'affrontement est inévitable. Les troupes du général Menou et celles de Leigonier sont contraintes à la retraite. Le dernier assaut aura lieu à Montreuil-Bellay ; des centaines de patriotes périssent sous le feu des insurgés. La victoire de l'Armée catholique est assurée, mais cela ne signifie pas que Saumur est tombée.

Le 9 juin, les insurgés entrent dans la ville. Ils ont visiblement préparé avec soin leur attaque : les prisons sont ouvertes au moment de leur entrée, les dépôts de munitions aussi. La bataille laissera 1 500 morts du côté des « bleus », quatre fois moins du côté des « blancs ». Ces derniers font en plus main basse sur 50 à 80 canons et 10 000 à 15 000 fusils.

Cette victoire permet aux Vendéens de prendre La Flèche, ville située à 15 lieues de Saumur, sans affrontement ; la clef leur est donnée après simple demande. Puis c'est le tour de Chinon et de Loudun, sans plus de difficulté.

Ce peu de résistance de la ville de La Flèche est une chance pour les insurgés : les républicains ne le savent pas encore mais, au lendemain de la prise de Saumur, nombre des hommes enrôlés sont retournés chez eux : sur 30 000 combattants, 20 000 sont repartis vers leurs fermes.

Au moment où les troupes de l'Armée catholique et royale entrent dans Saumur, Charette, secondé par Cathelineau, s'empare, lui, de Machecoul avec ses 12 000 hommes.

Cette victoire étant assurée, Charette pense attaquer Nantes. Mais il ne peut le faire seul. Il envoie donc un émissaire à Saumur pour proposer aux autres chefs vendéens de se joindre à lui.

Sans attendre la réponse, Charette met ses troupes en marche par la route de La Rochelle. En chemin, elles attaquent, le 20, le camp de Beysser qu'elles laissent vaincu.

Le général Menou, qui poursuivra sa carrière militaire lors de la campagne d'Égypte, est longtemps considéré comme le rival de Kléber.
Histoire de France populaire, Henri Martin, Tome IV.

Pendant ce temps, la Grande Armée quitte Saumur : sa route passe par Ponts-de-Cé, où elle arrive le 18 juin : elle est attendue par les habitants qui lui font bon accueil. Sans aucune attaque, la ville lui est acquise. Puis elle arrive à Angers le 25, qui n'oppose, elle non plus, aucune résistance. L'armée

Attaque de Nantes par les Vendéens le 29 juin 1793.
(D'après une gravure hollandaise)

victorieuse s'y installe : elle y reste une semaine. Cette perte précieuse de temps coûtera cher aux Vendéens…

Tandis que les troupes insurgées se reposent, les généraux républicains, réunis à Tours, préparent la défense de Nantes. Les Nantais aussi se préparent, entraînés par un maire infatigable dit-on : René Baco de la Chapelle. À ses côtés, Canclaux est arrivé de Lorient avec ses hommes. Les républicains peuvent compter sur 12 000 hommes.

Le 24 juin, jour qui voit la défaite des Vendéens à Luçon, la ville de Nantes reçoit le fameux ultimatum.

Les insurgés se divisent pour encercler la ville. Les 10 000 hommes dirigés par Charette et les 4 000 commandés par Lyrot se placent sur la rive gauche du fleuve, tandis que, sur la rive droite, les 7 000 hommes de Bonchamps et les 10 000 soldats de la Grande Armée prennent place. Les républicains, eux, font évacuer les bourgs d'Ancenis, d'Oudon et de Nort.

Les insurgés attaquent Nort à l'aube du 28 juin : l'affrontement est d'une grande violence et se prolonge jusqu'au retrait des troupes républicaines.

Forts de cette victoire, les insurgés se mettent avec enthousiasme en route vers Nantes. Mais, étant partis de points différents, ils n'y parviennent pas tous en même temps. Sur place, la confusion règne : chacun des chefs a l'impression que l'autre n'est pas au rendez-vous et fait replier ses hommes avant de réattaquer. C'est alors que Cathelineau est blessé.

Désorganisation de l'attaque, revirement des troupes qui attaquent et se retirent, chef emblématique emporté sur un brancard et, enfin et surtout, résistance inattendue des Nantais : les viles précédentes sont tombées si facilement ! Les Vendéens se replient. Boisguyon, Canclaux, Baco, Beysser et les autres chefs républicains ont remporté une victoire qui sera décisive dans le destin des guerres de Vendée. Cependant, si les hommes des Armées catholiques sont vaincus, ils ne sont pas écrasés…

L'ultimatum à la ville de Nantes

« Nous tenons d'une main le fer vengeur et de l'autre le rameau d'olivier. [...] Nous avons arrêté à l'unanimité de vous présenter un projet de capitulation dont le refus peut creuser le tombeau de vos fortunes et dont l'acceptation qui vous sauvera va sans doute assurer à la ville de Nantes un immense avantage et un honneur immortel. En conséquence, nous vous invitons à délibérer et statuer que le drapeau blanc sera de suite arboré sur les murs de la ville. La garnison mettra bas les armes et nous apportera ses drapeaux. Il sera remis pour otage les députés de la Convention nationale présents en mission dans la ville de Nantes. En cas de refus, la ville sera livrée à une exécution militaire et la garnison passée au fil de l'épée. »

Été et automne 1793

Les mois de juillet et d'août 1793 sont des mois de déception pour les armées vendéennes. Ils ont fait trembler la République, mais ce temps est fini… La Convention a chargé Westermann, qu'elle nomme général de brigade de l'Armée des Côtes de La Rochelle, d'écraser définitivement les insurgés de l'Ouest.

Le 24 juin, il reprend Parthenay en laissant derrière lui nombre d'insurgés égorgés. Puis il marche sur le bourg d'Amailloux, dont il ne laisse que des cendres, avant d'incendier le château de Clisson, demeure de Lescure, et celui de La Rochejaquelein. Les deux propriétaires échappent à la mort. Mais il ne reste rien de leurs domaines.

Westermann dirige ensuite ses troupes sur Châtillon, la ville « sacrée » des Vendéens. L'affrontement a lieu le 2 juillet et tournera au désavantage des troupes insurgées.

Défaits mais non démoralisés, les Vendéens battent le rappel : Leur ville a été prise ! Les paysans se rassemblent à Cholet.

Lors de l'attaque de Nantes, Jacques Cathelineau est blessé d'une balle à la poitrine. Il est ramené à l'arrière puis évacué à Saint-Florent-le-Vieil où il meurt le 14 juillet 1793. *Histoire de France populaire*, Henri Martin, Tome IV.

Le général Westermann.
Moins d'un an après ses succès dans l'Ouest, il est rappelé à Paris où il est condamné à mort pour avoir conspiré avec Danton contre Robespierre et guillotiné le 3 avril 1794. *Histoire de France populaire*, Henri Martin, Tome IV.

Le célèbre épisode de La Roche-des-Murs, le 26 juillet 1793.
Acculée sur cette roche qui se dresse à pic et domine la Loire près des Ponts-de-Cé, la troupe républicaine, dans un acte héroïque, plutôt que de se rendre, se précipite dans le fleuve. Seuls restent sur la corniche l'épouse du commandant du 8e bataillon et son enfant, protégés par un soldat qui se sacrifie pour les protéger tandis qu'elle décide de se jeter quand même dans le vide.
Les guerres de la Vendée, E. Bonnemère, 1884.

Westermann et ses hommes se trouvent non loin de cette ville, sur les hauteurs de Châtillon. La rencontre entre les deux armées, le 5 juillet, laisse les troupes du général républicain vaincues. Les insurgés reprennent « leur » ville, tandis qu'ils sont contraints d'abandonner Saumur et Angers aux républicains.

Le 12 juillet, les troupes de Westermann reprennent leur marche : elles menacent les Mauges. Comme pour Châtillon, un emblème de la Vendée est menacé : les insurgés se mobilisent. Les 26, 27 et 28 juillet voient des batailles pour la prise de Ponts-de-Cé, avant-poste de Cholet : l'avantage ira successivement aux deux camps, pour finir par une victoire républicaine.

Le 1er août, la Convention vote le déplacement de l'Armée de Mayence en Vendée. En attendant les renforts, les troupes républicaines reprennent Doué, en chantant, dit-on, la Carmagnole de la Vendée :

« Patriotes réjouissez-vous,
L'armée de Mayence est avec nous ;
Elle est venue nous aider
À purger la Vendée. »

Le reste du mois verra des affrontements autour de Nantes que les insurgés voudraient prendre, et que les républicains veulent garder. Ce sont ces derniers qui auront finalement l'avantage...

Le 14 août, à Luçon, nouvelle défaite des Vendéens. Cet échec marque les esprits ; il souligne la mésentente entre les chefs et le découragement des paysans.

À quelques lieues de là, Mieszkowski marque également les esprits par une victoire républicaine : le 23 août, il se rend maître du cœur de la Vendée, en occupant La Roche-sur-Yon.

Le 3 septembre, l'Armée de Mayence arrive à Nantes et est accueillie avec soulagement.

Les incendies ne tardent pas à s'allumer, les exécutions rapides de tout suspect se répandent dans la région. Le 10 septembre voit un premier affrontement autour du lac de Grandlieu : Charette et ses hommes se trouvent à Port-Saint-Père où il est attaqué : premier choc, première victoire des Mayençais. La terreur gagne les paysans vendéens.

Lors de la bataille de Luçon, Charette, dans un geste courageux, sauve un Vendéen blessé avant de l'emporter sur son cheval. Cet épisode participe de la légende du chef militaire.
La Bretagne moderne, Pitre-Chevalier, 1860.

Le 13, ce sera la victoire au bourg de Saint-Jean-de-Corcoué, puis à Machecoul. Le 6 septembre, c'est Montaigu qui tombe, avant Clisson, le 17.

Pendant que Kléber et Beysser regagnent du terrain dans cette partie du territoire, Tunck se fait battre à Chantonnay le 5 septembre, et l'Armée de Lescure se fait écraser à Thouars. Le 18 septembre, une partie de l'armée républicaine se fait battre à Coudray, sur la route de Cholet, tandis que Kléber est vaincu par les insurgés à Torfou.

La défaite de Luçon. L'artillerie légère des bleus cause la déroute chez les Vendéens lors de cette bataille en rase campagne. Sur cette gravure du XIXe siècle, on reconnaît au loin la silhouette si caractéristique de la haute flèche de la cathédrale.

« Henri de la Rochejaquelein au combat de Cholet en 1793 », par Paul-Émile Boutigny. Le 17 octobre, avec d'Elbée et Bonchamps il lance l'offensive sur Cholet. A l'issue de combats violents, les insurgés finissent par céder et s'enfuient en direction de la Loire.
Collection musée d'Art et d'Histoire de Cholet, dépôt de la Société des Sciences, Lettres et Arts de Cholet, cliché René Golder-Cholet.

Le 21, Beysser est battu à Montaigu, et le 22, ce sont les hommes de Mieszkowski qui perdent la bataille de Saint-Fulgent.

Les batailles se succèdent en ce début d'automne et, malgré les quelques victoires que les insurgés remportent, l'avancée des républicains semble indéniable. Mais la Vendée demeure…

Le 1er octobre, Barère déclare à la Convention : « L'inexplicable Vendée existe encore. La Convention doit en décider la destruction d'ici le 20 octobre. » On réorganise les armées : le dédoublement des Armées des Côtes de Brest et de La Rochelle a causé des échecs, elles sont réunies en une seule qui prendra le nom d'« Armée de l'Ouest », dont le commandement est confié au général Lechelle.

Les premiers jours du mois voient la victoire républicaine à Treize-Septiers. Et le 9, un affrontement a lieu au Moulin-aux-Chèvres. La bataille se porte jusqu'à Châtillon. La victoire sera républicaine, et la ville incendiée.

Le 13, Clisson brûle ; le 14, c'est Tiffauges. Montaigu connaîtra le même sort le 25.

Le bocage est en feu…

Si Mortagne se rend sans combattre, les insurgés attaquent dès que les troupes républicaines quittent la ville. Sur la route de Cholet, au lieu-dit La Tremblaye, les Vendéens se ruent sur les soldats : ce sera l'une des plus sanglantes batailles de la Vendée. L'issue du combat est incertaine, et les Vendéens s'attribuent la victoire. Ils laissent derrière eux Lescure, un chef charismatique, blessé mortellement.

Dès lors, c'est comme si tout se précipitait : les armées vendéennes se sont retirées à Cholet, mais elles n'y restent pas. Après avoir appelé en renfort l'ensemble des paysans disponibles de la région, les soldats insurgés quittent la ville pour se rendre à Beaupréau. Le 16 octobre, tous les chefs vendéens, à l'exception de Charette, se réunissent en conseil de guerre pour tenter de déterminer ce qu'il convient de faire. Livrer une ultime bataille ? Se replier ? Ils décident finalement de passer la Loire. Funeste erreur…

Le 17, les Vendéens se mettent en route pour Cholet, qu'ils ont abandonnés deux

« La déroute de Cholet », par Jules Girardet.
Le 17 octobre, l'armée vendéenne prise de flanc dans les landes de Cholet est dispersée et mise en fuite par les Républicains.
Collection musée d'Art et d'Histoire de Cholet, dépôt de la Société des Sciences, Lettres et Arts de Cholet, cliché Pierre-Louis Martin.

Fusillade de Nantes, novembre 1793. Elles ont lieu dans les carrières de Gigant, aux portes de Nantes. Bibliothèque nationale de France.

Les noyades de Nantes

En automne 1793, Carrier arrive à Nantes. Il va y faire appliquer la terreur de manière outrancière et immédiate : « Mes opérations révolutionnaires vont à bon pas. Tous les jours, des arrestations, la guillotine en permanence, des scélérats suppliciés. » Outre la lutte contre les « blancs », il veut faire appliquer la loi du maximum sur les prix, permettre l'approvisionnement des armées de la région et s'attaquer aux bourgeois accapareurs. Les suspects sont nombreux pour lesquels on ne s'embarrasse pas trop de procès.

Les prisons se remplissent ; lorsque celle du Bouffay est pleine, on utilise les couvents de la ville, les entrepôts puis des navires bloqués au port. Les désastreuses conditions d'hygiène déciment la population carcérale et celles des quartiers adjacents.

Rappelé par la Convention, Jean-Baptiste Carrier, ce « missionnaire de la Terreur », selon Jules Michelet, est jugé pour cruauté excessive et guillotiné le 16 décembre 1794. *Les guerres de la Vendée*, E. Bonnemère, 1884.

« La guillotine à Nantes en 1793 », d'après un tableau de Auguste-Hyacinthe de Bay.
Installé place du Bouffay, sous la Terreur, le « rasoir républicain » ne suffit pas pour vider les prisons de Nantes. L'artiste représente ici l'exécution des demoiselles de la Métairie, quatre cousines de Charette.

Le supplice de la « baignoire nationale » a fait l'objet de multiples descriptions toutes aussi atroces.

Bientôt, la guillotine ne va plus assez vite aux yeux de Carrier et de ses hommes : on a recours aux fusillades... Mais la poudre coûte cher ! On trouve alors un autre moyen : « Attendu qu'on dépense de la poudre et des balles, on a pris le parti de mettre un certain nombre de condamnés dans de grands bateaux, de les conduire au milieu de la rivière et on coule le bateau à fond. Cette opération se fait continuellement. »

Les premières noyades auront lieu en novembre : 90 prêtres y laisseront leur vie. En décembre, 58 prêtres et 150 hommes de la prison des Saintes-Claires sont noyés. En janvier, plus de 800 personnes sont jetées dans la Loire, hommes, femmes et enfants. Puis le rythme s'intensifie, pas toujours en bateau.

Combien de noyés à Nantes ? 9 000 répond Fouquet, exagérant sans doute, 4 800 selon Lallié, 3 500 selon Mellinet, 1 800 dit Martin. Peu de sources, incertitude des chiffres. « Quel torrent révolutionnaire que la Loire », aurait dit Carrier. Il sera guillotiné le 16 décembre 1794, désavoué par les siens.

Les bords de la Loire et la Fosse aux Salorges en 1793.

Après la défaite de Cholet, le passage de la Loire à Saint-Florent-le-Vieil, le 18 octobre 1793. Sur le brancard, le marquis de Bonchamps, mortellement blessé.

jours plus tôt. Ils ne savent pas que l'armée républicaine les y attend… La bataille qui s'ensuit est d'une incroyable violence, et les pertes sont lourdes des deux côtés. Mais la Vendée doit s'incliner : elle a perdu. Les républicains triomphent : « La Vendée est écrasée, il n'y a plus de Vendée ! » « Les brigands sont foutus, et vive la République ! »

1. Avant de mourir, Bonchamps demande à ses soldats d'épargner les prisonniers républicains enfermés dans l'église de Saint-Florent-le-Vieil.
Histoire de la Révolution française, M.A. Thiers, Tome II, 1867.

2. Parmi les prisonniers graciés sur l'ordre de Bonchamps se trouve le père de David d'Angers. Celui-ci, par reconnaissance, élèvera à Bonchamps un monument funéraire le représentant dans son geste de pardon.
Photo Christine Nagels

1.

2.

La virée de Galerne et la fin des guerres de Vendée

Au lendemain de cette défaite, commence ce que les historiens baptiseront la « virée de Galerne » : Les armées vendéennes, anéanties et découragées, ne savent plus quoi faire. Elles se lancent dans une « folle errance » qui durera plus de deux mois : du 18 octobre au 23 décembre 1793. Mais ce n'est pas simplement une armée qui se met en marche ; aux 40 000 combattants s'adjoignent quelque 60 000 non-combattants !

Ce « cortège de toutes les misères » est dirigé par d'Autichamps qui ne sait pas bien où aller. Le Chevalier de Saint-Hilaire a assuré que les Anglais préparaient une flotte pour venir en aide aux insurgés ; alors la troupe se dirige vers la Normandie.

Le cortège arrive à Château-Gontier le 21 octobre pour repartir dès le lendemain avec un « renfort » de 10 000 hommes (dont ceux de Jean Cottereau dit Jean Chouan). Une troupe de femmes, d'enfants, de

Marche de l'armée vendéenne sur Candé, une des premières étapes de cette longue virée de Galerne.
La Bretagne moderne, Pitre-Chevalier, 1860.

« On ne parlait pas, tout à l'écrasement du désastre, aux angoisses de la poursuite. » C'est ainsi que *L'Illustration*, en septembre 1899, décrit l'état d'esprit des fuyards.

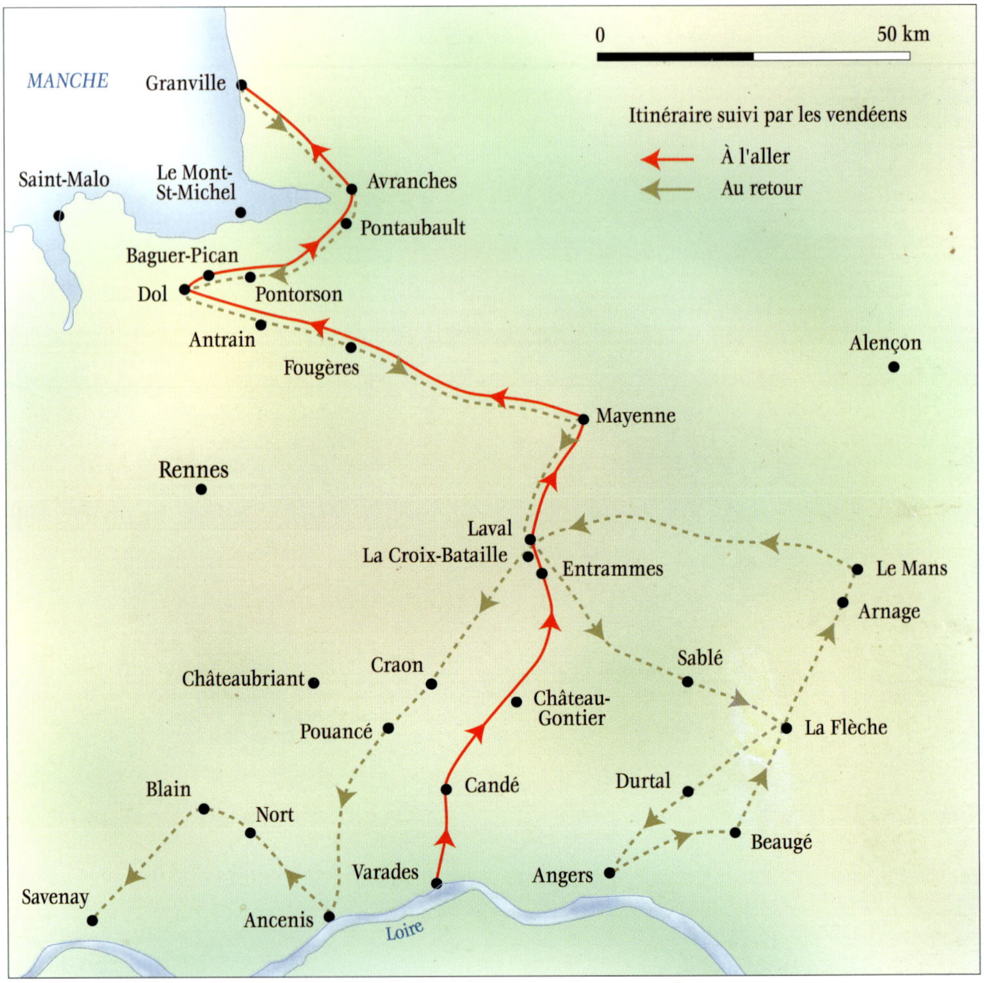

La virée de Galerne.

vieillards, d'hommes armés, de blessés, de chevaux, l'artillerie que l'on porte, que l'on pousse ou que l'on tire… Un convoi long de 18 kilomètres va de ville en ville.

Le 27 octobre, il faut se battre ; la bataille d'Entrammes est gagnée par la troupe d'insurgés conduite par La Rochejaquelein sur l'Armée du général Lechelle.

Puis c'est Laval, où l'on se repose. Les chefs en profitent, le 2 novembre, pour tenir un conseil de guerre où trois options sont discutées : soit l'armée vendéenne marche sur Rennes à la rencontre des troupes insurgées bretonnes, soit les chefs font preuve d'audace et entraînent leurs hommes vers la capitale, soit ils attendent le secours des Anglais près d'un port.

C'est la troisième solution qui est adoptée. Le convoi se remet en route.

Le 3 novembre, les Vendéens prennent Mayenne. Vainqueurs de Fougères le 5, ils reçoivent un courrier qui leur promet le concours de Georges III à condition qu'ils s'emparent de Saint-Malo ou de Granville. Ils décident de mettre le cap sur le port normand, moins bien pourvu en défenseurs et plus proche de Jersey, base de l'escadre britannique.

À leurs côtés, marchent désormais les 6 000 hommes de Cadoudal.

Le 12 novembre, depuis Avranches qu'ils ont prise après une courte bataille, une armée de siège commandée par La Rochejaquelein est dépêchée sous les murs de Granville. Folle entreprise lorsque l'on sait que la cité, perchée sur les hauteurs des falaises, est défendue par des murs puissants, et que les insurgés, s'ils ont l'atout du nombre, sont dépourvus de moyen de faire un siège. Mais ils pensent avoir des amis dans la place et estiment que l'arrivée des navires anglais va semer la panique parmi les défenseurs.

La Rochejaquelein tentera deux assauts : l'un, du côté de l'intérieur, le 14 novembre ; l'autre, par la mer, le lendemain. La garnison tient bon, et la population résiste avec les patriotes. Au lieu des navires anglais, ce sont deux chaloupes républicaines, venues de Saint-Malo, qui font leur entrée dans le port !

Les batailles pour s'emparer de Granville sont meurtrières : on décompte plus de 2 000 morts. L'armée républicaine, forte de 11 000 hommes commandés par le commissaire Julien, est largement victorieuse.

Et les Anglais n'arrivent toujours pas…

Dans une harangue à la foule exténuée, l'abbé Rabin, curé de Notre-Dame-de-Cholet, s'écrie : « Puisque les alliés ne sont pas au rendez-vous, rentrons dans nos chaumières

« Le siège de Granville », par Pierre-Etienne Lesueur.
Illustration héroïque de la mort du maire de Granville, Clément Desmaisons, lors du siège de la ville par les Vendéens le 14 novembre 1793.
Musée de la Révolution française, MRF 2002-1.

« La bataille du Mans », par Jean Sorieul (1852). Après le combat, le général Marceau, vainqueur, ne peut contenir ses propres soldats ni les sans-culottes, entraînés au carnage par le maire. Les enfants, les vieillards et les femmes des brigands sont traqués et massacrés. C'est ainsi que quelques officiers et habitants tentent de sauver ceux qu'ils viennent de battre. De même, durant ces combats, d'Autichamps, fait prisonnier, doit la vie sauve à son cousin, Saint-Gervais, officier républicain, qui le déguise en hussard. Musées du Mans.

Acculés à la Loire, seuls trois ou quatre cents Vendéens à peine atteignent l'autre bord.
Les guerres de la Vendée, E. Bonnemère, 1884.

et nos paroisses. » Puisqu'on ne sait où aller, on reprend donc le chemin du retour.

En marche vers la Loire, les insurgés seront victorieux des batailles de Pontorson, le 18 novembre, de Dol et d'Antrain les 22 et 23. Mais il ne faut pas s'y tromper, ces vainqueurs ne forment plus qu'une troupe fatiguée et affolée qui erre : le froid, la maladie et le découragement la font ressembler d'avantage à une bête traquée qu'à l'orgueilleuse armée qui a fait trembler la République.

Le 12 décembre, les insurgés remportent la bataille de Ponthieu, mais c'est pour mieux tomber dans le piège du Mans : le 13 décembre, plus de 10 000 « blancs » sont ainsi tués par les « bleus » : les Armées de Cherbourg et de Brest ont été appelées en renfort. Marceau, Westermann et Kléber dirigent les opérations.

Les rescapés fuient dans le désordre : les troupes se fragmentent : Scépeaux part vers Craon, Talmont et Piron vers Segré, les autres, la grande majorité, se dirigent vers Ancenis pour y passer la Loire. Mais attaqués une fois de plus, il leur est impossible de franchir le fleuve. Fleuriot, qui a pris le commandement de cette troupe folle de terreur, repart vers Erdre, Blain, puis Savenay.

Le 23 décembre, la troupe acculée contre la Loire est attaquée : il ne sera fait aucun prisonnier...

On a coutume de prendre cette date du 23 décembre 1793 pour marquer la fin de la guerre de Vendée ; à compter de ce jour, on entre dans la « chouannerie ».

« Barra », par Jean-Jacques Henner (1882). Joseph Barra, jeune tambour de 12 ans, originaire de Palaiseau, ordonnance du général Desmares, est tué près de Cholet en automne 1793 par les Vendéens plutôt que de se rendre avec les deux chevaux qu'il a conquis. Il est ici représenté, nu, mort et étendu comme une offrande sacrificielle. Il tient les baguettes de son tambour qu'on voit à gauche. Orléans, Musée des Beaux-Arts.

Une autre guerre : la chouannerie

Le nouveau visage du conflit

Le régime de la Terreur et la création des « colonnes infernales »

Au lendemain de la bataille de Savenay, l'Armée de l'Ouest est réorganisée. Son commandant, Marceau, indigné par ce qu'il a vu après la victoire de son armée, a demandé son transfert. Son successeur, Le général Louis-Marie Turreau décide de pratiquer la politique de la terre brûlée telle qu'elle a été mise à l'ordre du jour avec le régime de la Terreur institué à Paris le 1er août.

Car même après cette imposante victoire, la République ne se sent pas encore sereine : des troubles perdurent dans l'Ouest : il faut se débarrasser définitivement de la Vendée…

Page de gauche :
« L'embuscade », par Coessin de la Fosse.
Une autre guerre commence, celle de l'embuscade et de la clandestinité.
Collection musée d'Art et d'Histoire de Cholet, dépôt des Musées de Reims, cliché René Golder – Cholet.

C'est lors d'une attaque, le 28 janvier 1794 à Nuaillé, que La Rochejaquelein tombe sous les balles républicaines. Un soldat l'aurait reconnu à son écharpe blanche de général.
Histoire de France populaire,
Henri Martin, Tome IV.

Le corps de Henri de La Rochejaquelein est enseveli à la hâte. Il sera inhumé plus tard dans l'église de Saint-Aubin de Baubigné, sa ville natale.
Mémoires de la marquise de La Rochejaquelein.

Le plan du général est simple : il répartit ses troupes en deux armées de douze colonnes chacune, avançant de l'est et de l'ouest à la rencontre l'une de l'autre avec pour mission de « passer au fil de la baïonnette » hommes, femmes et enfants convaincus voire simplement suspectés d'avoir pris les armes contre la République. Il s'agit en outre d'incendier les villes, les villages, les métairies, les bois et les landes de la région entière à l'exception de treize localités qui ont été déclarées patriotes.

Le général Turreau met ses hommes en marche dès le 21 janvier 1794. Ces troupes vont être rapidement surnommées les « colonnes infernales », en raison des ravages systématiques qu'elles opèrent : elles se rendent effectivement coupables d'incendies et de massacres, mais aussi des pillages et des viols.

Selon Albert Soboul, les rapports envoyés quotidiennement au général par ses hommes permettent de savoir que cette armée laissa derrière elle plusieurs milliers de morts, sans qu'il soit possible d'en déterminer le nombre exact.

Le 13 mai 1794, cependant, la Convention rappelle le baron Louis-Marie Turreau de Garambouville, et le suspend de ses fonctions,

1.

1. Un convoi de prisonnières vendéennes.

2. Le fauteuil dans lequel aurait été exécuté le général vendéen.
Photo Bruno Barbier

3. « La mort du général d'Elbée », par Julien Leblant, tableau exposé au château de Noirmoutier.
D'Elbée, blessé et réfugié à Noirmoutier, est capturé par les troupes du général Haxo qui s'est emparé de l'île. Immobilisé par ses blessures, il est fusillé dans un fauteuil le 6 janvier 1794.
Photo Bruno Barbier.

2.

3.

le nommant, dans une demi-disgrâce, gouverneur de Belle-Île. Paris s'est aperçu que, loin de mettre fin à l'insurrection qu'il devait éradiquer, les méthodes inhumaines du général relançaient au contraire les combats et la résistance.

Effectivement, les premières bandes de chouans, que ce soit dans la Mayenne, en Ille-et-Vilaine ou dans le Morbihan, sont constituées par des Vendéens ayant échappé aux massacres du Mans ou de Savenay. Ces hommes ne veulent et surtout ne peuvent rentrer chez eux, puisque les hommes de Turreau sillonnent le pays…

Les insurgés vendéens ne sont pas seuls ; les hommes de Cadoudal se sont joints pendant la virée de Galerne à ces « rescapés de l'horreur ». Il faut compter également avec tous les meneurs des journées de mars 1793 qui se voient contraints de quitter leurs villages avant l'arrivée des colonnes infernales, ainsi qu'avec les déserteurs des gardes nationales ou des contingents de la levée des 300 000 hommes…

Illustration pour *Quatrevingt-treize*, de Victor Hugo, avec cette description des mœurs des insurgés : « On adossait la chaîne à une fosse creusée et l'on fusillait ; les fusillés tombaient dans la fosse parfois vivants ; on les enterrait tout de même. »

Cache vendéenne dans les genêts, eau-forte coloriée, vers 1840. Akg-images.

La clandestinité

La mise en place de la Terreur et des colonnes infernales condamnent en fait irrémédiablement tous ces hommes qui n'ont d'autre choix que la lutte et la clandestinité : ils savent que s'ils tombent aux mains des républicains, ils seront exécutés.
Au-delà de cette condamnation à une clandestinité presque absolue, l'orientation exceptionnellement intransigeante de la politique décidée par la Convention et appliquée par le général Turreau dans l'Ouest change du tout au tout l'aspect des guerres qui secouent cette région. Contrairement à ce qui se passait pour les Vendéens, les chouans ne bénéficient pas du soutien de la population paysanne : protéger ou cacher un insurgé peut désormais coûter la vie. Ils doivent donc ne compter que sur eux-mêmes. Les hommes de Jean Chouan, par exemple, vivront quelque temps dans le bois de Misedon : ils creusent des trous dans le sol qu'ils tapissent de feuilles et s'y enterrent à six ou huit durant la journée, pour ne sortir qu'à la nuit tombée... Ils ne sont pas les seuls à être obligés de vivre ainsi, les clairières et les forêts de la région servent ainsi de repaires à des bandes d'hommes qui n'ont plus d'autre choix... et qui le font payer cher !

Refuge dans la forêt de Grala : « Des branches, attachées au tronc des arbres, formaient la charpente des habitations.
Les murailles étaient figurées par d'autres branches entrelacées de feuillage et tapissées de gazon. Ces habitations étaient alignées à droite et à gauche d'une sorte de rue pavée d'herbe épaisse. Le dôme élevé de la forêt garantissait le tout des intempéries. »
La Bretagne moderne, Pitre-Chevalier, 1860.

Les colonnes infernales

Les Lucs-sur-Boulogne sont les lieux de terribles massacres pendant les guerres de Vendée. Lux Fournier, maître verrier à Tours, exécute en 1941 les vitraux de la nef et du transept de la chapelle Notre-Dame du Petit-Luc aux Lucs-sur-Boulogne, édifiée entre 1898 et 1908.
A droite : verrière dite du « massacre du Petit-Luc ». Terrorisés par l'approche de la Colonne infernale du général Turreau, les habitants se réfugient dans la chapelle des Petits-Lucs où ils sont massacrés.
© Conservation des musées de Vendée.
A gauche : mort et martyre de l'abbé Voyneau au Grand-Luc le 28 février 1794.
© Conservation des musées de Vendée.

En nouant des coalitions, les monarchies européennes menacent la République déstabilisée par l'insurrection vendéenne. Elle n'est pas en mesure d'affronter une guerre avec ses voisins tant que des troubles intérieurs l'affaiblissent. Harcelée, la Convention va faire le plus mauvais des choix : mettre la Terreur à l'ordre du jour. Décision doublement tragique : les abus qui découleront de cette décision feront de cette période la plus noire de l'histoire de France et ne résoudront rien, bien au contraire : « On ne noie pas les idées dans le sang », écrira Gabory.
« Envoyons-y une armée incendiaire pour que, pendant un an au moins, nul homme, nul animal, n'y puisse trouver sa subsistance », propose Fayau. Les colonnes infernales de Turreau parcourront le territoire de la Vendée militaire de janvier à mai 1794, recrutant sur leur route des hommes sans doute plus intéressés par l'espoir du butin et par le carnage que par les idéaux politiques. « On est plus occupés à se battre pour le pillage que pour la République », s'alarme Dubois-Crancé, ancien président de l'Assemblée ; il n'est pas le seul à se troubler de la folie qui s'empare des hommes de Turreau. Kléber tente de s'y opposer, Haxo lui-même s'effraye des dérives qu'il constate. On attaque avec un acharnement qui confine à l'horreur...
Le bétail, les récoltes, les outils de travail : tout est saccagé, détruit. Les maisons, les champs, les bois sont brûlés. Les hommes, les femmes et les enfants sont massacrés... Six divisions partagées en deux colonnes chacune incendient la Vendée militaire.
La liste des villages dévastés serait, hélas, trop longue à faire ; c'est Montrevault-en-Mauge qui est anéanti, c'est Saint-Laurent-sur-Sèvres dont il ne reste que des débris, et Bressuire, Gaubretière, Drillay, Clisson, et Les Herbiers et Boupère, dont les habitants sont pourtant patriotes. C'est Lucs-lès-Boulogne qui assiste à l'incendie de son église

dans laquelle 500 femmes et enfants ont été enfermés, tout comme à Pouzauges où l'église de la Meilleraie brûle avec des femmes et des hommes, parmi lesquels quelques gardes nationaux. Dans cette frénésie destructrice, on ne distingue plus très bien les insurgés des patriotes. « La mort d'un patriote est peu de chose quand il s'agit du salut public »...
Et il en est ainsi de Nantes à Saumur, de Chalonne à La Châtaigneraie. « La Vendée catholique, la Vendée “morte”, est souillée dans son tombeau ; la Vendée républicaine et vivante est outragée, humiliée, flagellée. Turreau a passé », écrit encore Gabory.
Lorsque le général sanguinaire est rappelé à Paris, il ne laisse derrière lui que des cendres et une hostilité qui sera bien plus longue à s'éteindre que les incendies qu'il a allumés...

« Incendie d'une chapelle en Vendée », par Marie-Félix Parmentier.
Collection musée d'Art et d'Histoire de Cholet, cliché René Golder, dépôt du musée Tavet-Delacour de Pontoise.

Chouan et ses frères, de Jambe-d'Argent et de Coquereau, est localisé sur la rive gauche de la Mayenne, tandis que celui qui se trouve sous le commandement de du Boisguy, est actif aux alentours de Fougères. Les hommes de de Silz opèrent au sud du département du Morbihan, alors que ceux de Boishardy occupent le nord. Le centre du Morbihan est le domaine des gens de Cadoudal, de Mercier la Vendée et de Guillemot dit « Roi de Bignan ».

« Réalité territoriale mouvante, la Chouannerie se dilate ou se dilue dans l'espace global qui est le sien en fonction d'une conjecture militaire et politique », écrit Roger Dupuy dans son ouvrage consacré aux chouans.

Dans la quasi-totalité de cette région, ces chefs vont s'appliquer à entretenir une insé-

Scène classique de la chouannerie en Bretagne. *Mémoires de la marquise de La Rochejaquelein.*

Jean Leperdit, maire de Rennes de février 1794 à octobre 1795, a incarné pendant tout le XIXe siècle l'image de la République juste et modérée, dans une Bretagne alors en plein tourment. Il est ici représenté face à une émeute du peuple affamé, le calmant avec ces paroles : « Puis-je faire du pain avec ces cailloux ! Si mon sang peut vous nourrir, prenez-le jusqu'à la dernière goutte. » Sa légende était née.
D'après le tableau de Mme Moreau de Tours, « Le maire de Rennes ». *Le Petit Journal*, 7 février 1891.

Un mouvement qui prend de l'ampleur : la chouannerie

La Vendée fut violente, la chouannerie le sera plus encore. La radicalisation de la position chouanne est donc due à cette nécessité de vivre caché, au manque de soutien dont les hommes ont à souffrir, mais plus encore à leur histoire récente : ces soldats de fortune ont pris part, de près ou de loin, à la virée de galerne et à son épilogue sanglant : s'ils n'y ont pas laissé la vie, ils ont quasiment tous un proche à pleurer. Un nouveau sentiment se mêle à leurs revendications premières : la vengeance !

Comme c'était le cas pour la Vendée, ce « nouveau » mouvement se répand sur plusieurs territoires distincts : le premier groupe (il est désormais difficile de parler véritablement d'armée), sous la direction de Jean

curité permanente. Cadoudal, par exemple, attise la colère paysanne née de l'arrêté départemental daté du 19 mars 1794 qui interdit les pèlerinages à Sainte-Anne-d'Auray. Pluvigner, Créach, Brech, Locmariaquer vont être le théâtre des incursions chouannes. De son côté, Guillemot « Roi de Bignan » inquiète les autorités. En novembre, l'agent national de Josselin écrira même au Comité de salut public la supplique suivante : « Les municipalités de Cruguel, Plumélec, Saint-Jean, Bignan, Buléon, Radenac, Pleugriffet, Reguigny et Credin ne peuvent plus faire exécuter les lois, ni ordonner les réquisitions des grains, fourrages et charrois. Les brigands rôdent dans ces communes et les en empêchent. Ils menacent tous les individus qui désireraient y obtempérer de les assassiner eux et leurs familles, et d'incendier leur domicile. Il est impossible que la machine politique puisse aller si l'on n'envoie pas promptement des forces imposantes dans ce district. »

Dans les Côtes-d'Armor, Boishardy s'applique à entretenir la rébellion. En décembre, il organise l'attaque de Jugon. À la tête de 400 hommes, il saccage la maison commune, désarme les habitants et coupe l'arbre de la Liberté.

Boisguy, lui, conduit des « expéditions punitives contre les pataudsrlés » dans la région de Fougères. Il s'efforce, lui aussi, de maintenir la tactique du harcèlement permanent, tuant un républicain puis un autre, dès que l'occasion se présente.

Entre le mois de mai et le mois de juin 1794, les généraux républicains avouent avoir perdu plus de 500 hommes « sans avoir pu faire beaucoup de mal à ces ennemis dispersés ».

« L'espion », par Victor-Henri Juglar : dans une cour, un homme est emmené par trois soldats républicains.
Musée des Beaux-Arts et d'Archéologie de Châlons-en-Champagne © Conservation des musées de Vendée.

Caricature de la perturbation du commerce extérieur et de l'approvisionnement de la France. Eau-forte, colorée, de James Gillray, célèbre caricaturiste anglais.
Akg-images.

Du côté des Vendéens, Charette et ses hommes continuent de combattre tandis que Stofflet reprend les armes.

La Convention et le Comité de salut public pensaient la rébellion définitivement écrasée à Savenay : il n'en est rien. Et pourtant, plus que tout, Paris voudrait en finir avec les guerres civiles de l'Ouest. Les armées républicaines remportent des victoires en Prusse, en Espagne, en Hollande, et le gouvernement aspire à régler le conflit avec l'Angleterre. Mais cela implique une pacification de l'Ouest…

Une tentative d'amnistie

Pour hâter cet apaisement, la Convention qui ne parvient visiblement pas à gagner la paix par les armes, propose aux chouans et aux Vendéens de signer un armistice.

Les négociations s'ouvrent dans le courant du mois de décembre 1794. Dans un premier temps, il est proposé une amnistie aux rebelles qui acceptent de rendre les armes et de « rentrer au sein de la Patrie ». Paris va même jusqu'à offrir non seulement sa protection, mais encore des indemnités aux Vendéens ralliés.

Mort de Haxo.
Alors qu'il est sur la piste de Charette, le général républicain tombe dans une embuscade. Il est ici représenté, sabre en main, tombant sous les balles d'un Vendéen. Une autre version relate un suicide : il se serait brûlé la cervelle plutôt que de se rendre.
Les guerres de la Vendée, E. Bonnemère, 1884.

Ces offres faites par les républicains vont, et c'est l'un des buts, jeter le trouble chez les chefs insurgés.

Charette, le premier, accepte d'entamer les négociations. Ses hommes sont épuisés, et le temps des pourparlers leur permettrait de reprendre des forces. Mais il a une autre idée en tête : les Anglais lui ont promis aide et assistance. Ce répit lui laisserait le temps d'organiser une rencontre… S'il y a duplicité dans son comportement, la manœuvre n'est pas moins insidieuse du côté républicain : en ne s'adressant qu'à lui, et en faisant comme s'il était le seul chef des insurgés, les négociateurs espèrent provoquer une rupture au sein de l'encadrement vendéen. La tactique s'avérera d'ailleurs payante !

Stofflet, lui, est plus réticent, tandis que les chouans sont partagés : Cadoudal refuse catégoriquement de s'asseoir à la table des négociations, alors que Boishardy est tenté. Désigné par le marquis de la Rouërie « commandant des troupes insurgées des Côtes-d'Armor », Boishardy, représentatif de ces « fatigués de la guerre », appartient à cette catégorie de nobles qui ont, sinon sympathisé, du moins se sentent finalement proches des généraux républicains, et qui souhaiteraient, après des mois de lutte, mettre fin aux guerres fratricides.

Les négociations ont lieu au château de la Jaunaye, situé dans la périphérie de Nantes, et aboutissent, le 17 février 1795, à un accord signé entre Charette et les représentants de la République. Le texte du traité, qui comporte 22 articles, semble être extrêmement favorable aux insurgés. Les Vendéens obtiennent la liberté de culte, l'exemption de la conscription et des impôts pendant dix ans, ainsi que la transformation de leurs troupes en une sorte de force complémentaire soldée. En échange de quoi, ils s'engagent à reconnaître le régime républicain.

Cormatin se fait, chez les chouans, le champion de la négociation. Second un peu obscur et contesté de Puisaye, il est contacté par Hoche lui-même, et n'aura de cesse de rallier les chefs chouans du Morbihan et de l'Ille-et-Vilaine, et parvient à persuader un

« Scène de la guerre des Chouans », par Auguste-Émile Bellet (1882).
Un chouan s'agrippe agonisant à une croix. Il a perdu en route son chapeau, son fusil et ses sabots. Au loin, on distingue les soldats républicains qui viennent de le blesser. Ce tableau est caractéristique de la période précédant le centième anniversaire de la Révolution. On y voit le martyre de la foi ainsi que le souci d'exalter l'histoire de la Bretagne.
Rennes, musée des Beaux-Arts

Le baron Cormatin, chef d'état-major du comte de Puisaye.
Histoire de France populaire, Henri Martin, Tome IV.

La pacification de la Vendée le 20 avril 1795. Une tente est préparée dans la plaine, vis-à-vis du château de la Jaunais, où se tiennent les chefs vendéens. Les représentants se rendent à cette tente. Le général Canclaux, qui les accompagne, reste sur la route avec quelques officiers de son état-major et quelques chasseurs d'ordonnance.
Bibliothèque nationale de France.

certain nombre d'entre eux de se rendre au manoir de La Mabilais, aux portes de Rennes, pour discuter des modalités d'un accord.

Là encore, les négociations sont longues, mais aboutissent à la signature d'une trêve le 20 avril 1795. Le texte est inspiré de celui de la Jaunaye : les insurgés s'engagent à cesser le combat, en échange de quoi la République promet de cesser toute poursuite contre les insoumis et les émigrés, d'autoriser le culte des prêtres réfractaires, et de dégager des indemnités pour les pertes matérielles subies du fait des hostilités.

Les guerres de l'Ouest devraient pouvoir, à ces conditions, connaître enfin un épilogue…

Mais, conformément aux prévisions des républicains, la signature de ces traités, et particulièrement celui de la Jaunaye, entraîne des perturbations au sein des troupes vendéennes. Une partie des officiers (même parmi ceux de Charette) ainsi qu'un certain nombre de paysans s'insurgent contre les clauses du traité et s'opposent à la reconnaissance de fait de la République. Sapinaud se rallie à Charette, tandis que Stofflet, qui refuse catégoriquement de signer, doit laisser partir nombre de ses hommes qui sont, eux, favorables à la paix. Boishardy se cabre à la dernière minute, refusant de signer un texte auquel il paraissait être pourtant favorable.

Les chefs s'opposent donc les uns aux autres, et certains prétendent que Stofflet, fou furieux que Charette ait accepté un compromis, a même pendant un temps envisagé de le faire assassiner pour se mettre à la tête de toutes les armées de la Vendée. Mais il signera finalement lui aussi un traité de paix en mai 1795 à Saint-Florent.

Il semblerait que la pacification ne soit, en définitive, qu'un papier signé par des hommes qui, de chaque côté, ont davantage privilégié les manœuvres et les calculs plutôt qu'une réelle base d'entente. Les propositions de Paris sont-elles seulement réalisables ? La Convention offre de solder les ex-Vendéens au même titre que les volontaires, et d'accorder des indemnités importantes aux chefs soumis qui conservent, en outre, le contrôle de leurs territoires ! Les patriotes, les gardes nationaux qui se battent depuis plus d'une année ne seraient-ils pas en droit de s'indigner de telles largesses ? S'ils ne l'ont pas fait, c'est que les modalités de cette trêve n'ont vraiment aucune réalité.

Mais ces négociations et ces signatures, si elles n'aboutissent pas à la paix, ont quand même un résultat positif au regard des républicains : selon Jean-Clément Martin, ils ont obtenu la reconnaissance de leur régime par leurs adversaires, ils ont maintenu leur présence militaire sur les côtes et ont limité (pour un temps) l'aide que l'Angleterre pouvait apporter aux insurgés, et ils ont surtout réussi à provoquer une grande confusion chez les Vendéens. De plus, selon l'historien, les paysans, épuisés lors de l'ouverture des négociations, ont eu le temps de se reposer et d'apprécier cette période de relative paix. Ils entrevoient les bénéfices d'une pacification, et ne sont plus aussi motivés pour reprendre les armes.

« Breton en sentinelle devant une église », par Charles Loyeux. Peinture du début du XIXe siècle qui exalte la foi religieuse du chouan qui défend son église et son prêtre contre la République.
Collection musée d'Art et d'Histoire de Cholet, dépôt des musées de Pontoise, cliché René Golder – Cholet.

Une paysanne, refusant de livrer des proscrits, est emmenée de force par les Républicains.
La Bretagne moderne, Pitre-Chevalier, 1860.

Illustration extraite de *Quatrevingt-treize*, de Victor Hugo : un chouan est contraint de jeter ses armes.

La remise en cause de cette paix précaire

Deux événements vont cependant immédiatement tout remettre en cause : le 23 mai, près de Ploërmel, les républicains capturent le sieur Ballé, qui se révèle être un émissaire de Cormatin… Sur lui, on retrouve trois lettres qui font la preuve des véritables motivations des signataires chouans. Le 25, c'est Cormatin lui-même qui est arrêté. Il est conduit sous bonne garde à l'île Pelée, face à Cherbourg. Les républicains, sous la plume de Brue et de Guermeur, publient quelques jours plus tard un arrêté stipulant l'arrestation de tout chouan ou supposé tel, l'attaque systématique de tout retranchement des rebelles et des perquisitions chez les proches des suspects.

Les conséquences immédiates de ce décret vont être une série d'arrestations de suspects, et des nobles insurgés se trouvant encore dans les alentours de La Mabilais : une trêve ne saurait être plus mal baptisée !

Le second événement, non moins grave, va être le débarquement anglais tant attendu dans la baie de Quiberon. Nos voisins d'outre-Manche, inquiets de la tournure que prennent les événements et « travaillés » par Puisaye et d'Allègre de Saint-Tronc, vont, dans la nuit du 17 au 18 juin, débarquer sur les grèves bretonnes plus de 6 000 hommes venus en renfort, des émigrés et des transfuges républicains sortis des prisons londoniennes pour la plupart, ainsi que du matériel d'armement pour près de 20 000 hommes.

Cette générosité s'explique par la situation européenne qui effraie passablement le Premier ministre anglais William Pitt : à la suite de la victoire de Fleurus, le 26 juin 1794, l'armée républicaine française poursuit sa conquête des anciens Pays-Bas autrichiens. Dans les États belges, une administration révolutionnaire est mise en place, avec un personnel désigné par Briez et Hausman, représentants en mission dans ces territoires. En octobre, c'est au tour de la Rhénanie d'être conquise par les armées républicaines, à la tête desquelles se trouvent Marceau et Championnet. Puis en janvier 1795, c'est la Hollande qui se voit contrainte de signer une trêve avec les Français... Les côtes de la Manche et d'une partie de la mer du Nord étant contrôlées par la France, l'Angleterre craint non seulement une invasion sur son territoire, mais pense également aux pertes économiques pour son commerce maritime que pourrait provoquer cette mainmise sur les ports...

Les chouans, de leur côté, se préparent activement à recevoir les Anglais, et à défendre les lieux de débarquement s'il le faut. Les hommes de Cadoudal, par exemple, manquant cruellement de munitions et de poudre, organisent ce que l'on nommera le « raid de Pont-de-Buis », une poudrerie qui se trouve non loin de Châteaulin, le 17 juin 1795. Les chouans ont tôt fait de remplir leurs charrettes de barils de poudre avant de faire demi-tour. La baie de Quiberon sera bien protégée...

On le voit donc, toute paix est à exclure... La lutte reprend de plus belle !

Cela ne surprend pas le moins du monde les républicains, qui n'ont jamais été dupes de l'apparente pacification du traité de La Mabilais. Ils avaient arrêté, dès la fin du mois de décembre 1794, l'un des émissaires les plus actifs de Puisaye, un dénommé Noël Prigent. Ce dernier faisait depuis deux ans de fréquents voyages entre l'Angleterre, l'île de Jersey et les lieux où se trouvaient les Vendéens et les chouans. Il n'avait pas tardé à avouer au représentant Boursault que les Anglais n'attendent que le premier beau temps pour débarquer à Cherbourg, à Cancale et à Noirmoutier.

Il ne s'agira donc pas d'une victoire pour les insurgés. Si les hommes qui se pressent sur les plages de Carnac pour accueillir les Anglais sont près de 10 000, la situation, contre toute attente, ne va pas tourner à l'avantage de ceux-ci.

William Pitt.
Sa détermination à briser la France révolutionnaire le pousse à financer les puissances continentales coalisées contre la France (Prusse, Autriche...), au prix d'un très lourd endettement. « L'or de Pitt » va ainsi entretenir jusqu'à la fin les coalitions antifrançaises.
Le mois littéraire et pittoresque, Tome X, 1903.

1. **Attaque de Quiberon par les troupes républicaines.**
Le mois littéraire et pittoresque, Tome X, 1903.

2. **Le comte Louis Charles d'Hervilly, nommé en 1795 commandant de la première division du corps d'émigrés, destinée à opérer à une descente en Bretagne, conteste les ordres de Joseph de Puisaye.** *Le mois littéraire et pittoresque*, Tome X, 1903.

1.

Le débarquement de Quiberon

2.

Une impossible entente

La première escadre anglaise apparaît au large le 23 juin 1795. Le même jour, la frégate *La Galathée* accoste en baie de Quiberon. Ce sont Tinténiac et Bois-Berthelot qui se chargent d'assurer la liaison entre l'escadre et les troupes de Cadoudal. Le 26, se tient à bord du navire amiral *La Pomone* une sorte de conférence à laquelle assistent l'amiral Warren, Tinténiac, Puisaye et d'Hervilly : le débarquement est organisé pour le lendemain.

Bien que celui-ci semble s'être déroulé pour le mieux, les attentes des uns vont se heurter aux espoirs des autres sans qu'il soit possible de trouver de compromis.

Les chefs, tout d'abord, ne vont pas réussir à se mettre d'accord sur le plan à suivre : les uns, tel Puisaye, souhaitent dans un premier temps sillonner la Bretagne afin de rassembler le plus d'hommes possibles avant que de marcher sur Paris, tandis que d'autres, comme d'Hervilly, veulent attendre que de nouveaux renforts anglais arrivent avant de se mettre en route. Les émigrés fraîchement débarqués de Londres ne voient pas, quant à eux, d'un très bon œil ces troupes hétéroclites qui prétendent pouvoir renverser un gouvernement en étant si piteusement armés et si mal encadrés…

Incapables de s'entendre, les uns et les autres vont en appeler à un arbitrage de la capitale anglaise. Erreur fatale ! Pendant que les insurgés tergiversent et se disputent, les troupes républicaines, commandées par le général Hoche, auxquelles il a eu le temps d'agréger toutes les troupes disponibles, se préparent à cadenasser la presque île de Quiberon.

« Combat de Quiberon » par Jean Sorieul (1850).
Ce tableau évoque les derniers moments de résistance de Charles de Sombreuil. Représenté à gauche, entouré des derniers combattants de l'armée royaliste, il essaie d'enrayer l'avancée des bleus et de protéger les centaines de femmes, d'enfants, de soldats blessés et de vieillards qui, derrière eux, tentent vainement d'atteindre la flotte anglaise.
Collection musée d'Art et d'Histoire de Cholet, dépôt du Fonds national d'Art contemporain, cliché René Golder – Cholet.

Le 28 juin, les troupes chouannes passent à l'offensive. Bien armées, elles sont divisées en trois brigades : la première placée sous le commandement du général Tinténiac qui avait occupé Landévant, la deuxième dirigée par le comte du Bois-Brethelot qui avait pris Auray, ralliant au passage la garde nationale commandée par maître Glain, notaire de la ville, passée sous la bannière royaliste, et la troisième enfin, encadrée par le comte de Vauban, qui avait repris le quartier général de Cadoudal, au Moustoir.

L'une des nombreuses représentations des combats de Quiberon.

Dès le mois de juin 1795, Charette reprend les combats.
Les guerres de la Vendée, E. Bonnemère, 1884.

Le duc d'Angoulême priant près des restes des victimes de Quiberon.
Le mois littéraire et pittoresque, Tome X, 1903.

Du côté républicain, on se met également en mouvement… Les renforts ne cessent d'affluer à Vannes, d'où Hoche dirige les opérations. Dès le 4 juillet, il dispose d'une armée forte de 13 000 hommes ! Il écrit alors à Paris : « Ne craignez rien pour Lorient, ni des suites de la descente ; elle ne fera qu'ajouter à la gloire des armées républicaines. » Effectivement, les chouans se font refouler irrémédiablement, d'autant qu'ils sont les seuls à se battre ; les émigrés sont restés à Carnac. « Les monstres auraient dû être engloutis dans la mer avant d'être arrivés à Quiberon », aurait dit Cadoudal.

Le 7 juillet, Hoche écrit au chef de son état-major : « Les troupes anglo-émigrés-chouans sont, ainsi que des rats, enfermés dans Quiberon, où l'armée les tient bloquées. »

Les suites de Quiberon : la « chouannerie-guérilla »

Le désastre de Quiberon met définitivement fin à la pacification et marque le début d'une nouvelle forme de chouannerie, d'autant que les insurgés capturés dans la presqu'île par les républicains sont exécutés massivement, dans un geste que le pouvoir souhaite « terroriste » selon sa propre expression.

Le terme de « chouannerie-guérilla » n'a jamais si bien défini le mouvement insurgé.

Claude Augustin Tercier, compagnon d'armes d'Hervilly puis de Scépaux, rescapé de Quiberon, expose, dans ses mémoires, les techniques d'attaques que vont adopter les armées royalistes : « Dans les différentes affaires où je m'étais trouvé, soit en Bretagne soit en Anjou, à l'armée du vicomte de Scépaux, j'avais bien observé la tactique vendéenne […] qui consistait à savoir bien s'embusquer pour surprendre et combattre l'ennemi, et surtout à perdre peu de monde ; à se précipiter sur lui, lorsqu'il chancelle, à le poursuivre ensuite rapidement dès qu'il

commence à prendre la fuite, et, dans le cas contraire, s'il tient ferme trop longtemps, à l'abandonner, et à prendre ce que les Vendéens appellent la déroute, sûrs de n'être point poursuivis, parce qu'ils se retirent par vingt chemins différents, et un à un, à travers les haies, les champs et les marais qu'ils laissent en un clin d'œil derrière eux. »

Charette, hors de la presqu'île, reprend les armes, tandis que Stofflet est hésitant. L'absurde situation dans laquelle se sont mis les insurgés présents à Carnac le désole, d'autant que ces derniers empêchent, par leur continu manque de coordination, de tenter quoi que ce fut pour les sortir de leur enfermement presque volontaire.

Et chacun de rejeter la faute sur l'autre : les chouans ne peuvent se résoudre à pardonner aux émigrés et à Puisaye d'avoir fait échouer l'expédition, tandis que ces derniers reprochent aux chouans de Bretagne de ne pas s'être soulevés.

Cet absurde échec affecte la crédibilité des chefs du mouvement, et les oblige à un surcroît d'activité pour prouver leur valeur.

Des guerres d'embuscade

Cadoudal réorganise ses troupes

Il n'est presque plus possible, à partir de cette date, de localiser réellement les lieux d'actions des chouans. Les foyers initiaux ont toujours valeur de refuge, et c'est encore le Morbihan qui connaît le plus de troubles. Cadoudal se voit dans l'obligation de réorganiser ses hommes et ses stratégies. Au cours du mois d'août 1795, il partage la région en douze divisions : la division d'Auray, noyau de l'armée, est confiée à Jean Rohu, qui s'est illustré à Quiberon, le 6 juillet, lors de la retraite ; la division de Vannes est attribuée à Brulon ; celle de Brignan-Locminé à Guillemot (que l'on connaît mieux sous le sobriquet pittoresque de « Roi de Bignan », un laboureur qui

La guerre d'embuscade reprend ses droits.
La Bretagne moderne, Pitre-Chevalier, 1860.

L'appel de Cadoudal

« Habitants des campagnes, vous prêterez-vous toujours à ce que les scélérats demandent de vous ? Se peut-il qu'il s'en trouve encore parmi vous d'assez lâche pour leur payer les impositions ? Ne savez-vous pas que c'est reconnaître la République, se soumettre à ses lois et fournir aux ennemis de l'autel et du trône des armes contre leurs défenseurs ? Vous regardez les assignats comme une monnaie inutile, insensés, ne voyez-vous pas que c'est avec ces assignats qu'ils salarient leurs troupes et qu'ils payeront les grains qu'ils vous enlèvent ?
Pour remédier à cet abus, nous déclarons :
Que nous punirons de mort les collecteurs et autres qui s'emploient pour faire payer les impôts,
Ceux qui paieront les impôts seront obligés de nous fournir en argent la même somme qu'ils ont payée en assignat à la République. »

Dans cette illustration originale de J. Le Blant, réalisée en 1896 pour le livre de Gustave Toudouze, *La Vengeance des Peaux-de-Bique*, un des combattants chouans est accusé d'avoir fait échouer une attaque.

avait pris les armes dès 1793 pour délivrer son abbé et rencontré par Cadoudal dans la région de Josselin) ; le territoire allant de Baud jusqu'à Guéméné est délégué à Jean Jan ; celui des abords de Loudéac à Saint-Régent ; la région de Gourin et du Faouët est attribuée à Chélas ; la division comprenant la zone située entre Hennebont et Landévant est à la charge de Bonfils de Saint-Loup ; le chevalier de Silz, pour sa part, se voit affecter la division de Muzillac ; Lantivy du Rest est chargé de la région de Pontivy ; Sol de Grisolles de la division de la région s'étendant de Redon jusqu'à La Roche-Bernard ; César du Bouays de celle de Ploërmel à Malestroit ; et enfin Troussier, de la division de La Trinité-Porhoët ; Mercier la Vendée est élu lieutenant général de l'Armée de Vannes, et seconde Cadoudal qui garde autorité sur Vannes et Auray.

Cadoudal, dans son souci de réorganisation, maintient cependant les structures de base : chaque paroisse forme une compagnie commandée par un capitaine de paroisse. Ces paroisses, regroupées au nombre de 10 à 15, forment un canton, placé sous les ordres d'un chef de canton. Ces cantons sont à leur tour regroupés (au nombre de trois à six, soit 30 à 60 paroisses), et forment les fameuses divisions sous le commandement d'un chef de division, telles que nous venons de le voir. L'ensemble des chouans que compte le seul département du Morbihan peut être évalué à un chiffre allant de 18 000 à 20 000.

Dès la fin du mois d'août, Cadoudal lance un appel pour montrer sa détermination.

Mais en dépit de tous ces mouvements, il est, dans la réalité, presque impossible pour les chefs insurgés, après l'échec de Quiberon, de constituer des troupes capables de livrer des batailles. L'analyse du discours de Cadoudal est à ce point de vue assez représentatif : ses objectifs sont clairs, mais manquent quelque peu d'envergure. Cela s'explique également par le fait que les paysans sont un peu démoralisés, et que l'époque de la rentrée des moissons arrive.

La politique du harcèlement

Chaque chef se restreint donc finalement à prolonger la politique de harcèlement. Boishardy, par exemple, continue d'illustrer parfaitement cette ligne de conduite. Après que le général Hoche lui a tendu une embuscade le 27 mai 1795 en investissant son château de Parigné accompagné de 800 hommes, il organise des « expéditions punitives » à l'encontre des troupes républicaines. Le 28 juin, il attaque le détachement de cavalerie et de fantassins qui se rend à Rennes, avant de s'attacher à la destruction (ou du moins à la tentative de destruction) systématique des unités ayant participé aux fusillades de Vannes et d'Auray. Il réduit un bataillon complet à la Chapelle-Saint-Aubert sur la

La prison de Vannes.
La Bretagne moderne, Pitre-Chevalier, 1860.

Image emblématique de l'insurrection chouanne.
La Bretagne moderne, Pitre-Chevalier, 1860.

L'attaque par surprise a toujours été un élément déterminant dans les succès des chouans.
Illustration originale de J. Le Blant pour *La Vengeance des Peaux-de-Bique*, Gustave Toudouze, 1886.

route de Rennes, et s'attaque, dans la Mayenne, à un bataillon de la Gironde qu'il laisse anéanti.

Tandis que la mort de Boishardy, en juin 1795, met un terme provisoire aux hostilités des Côtes-d'Armor, Scépeaux, Boisguy, Coquereau et Frotté dirigent de leur côté les opérations d'une région plus vaste : celle des confins de la Bretagne, de l'Anjou, du Maine et de la Basse-Normandie.

À l'ouest de Rennes, plusieurs groupes s'organisent également. Actifs à partir de juillet 1795, ils s'attaquent principalement aux cantonnements chargés d'assurer la sûreté des communications avec Vannes, Saint-Malo et Saint-Brieuc ; ils s'efforcent, chaque fois que l'occasion se présente, d'intercepter les approvisionnements de Rennes. Ce sont ainsi près de 5 000 hommes qui harcèlent les soldats républicains, sous les ordres de messieurs de Trégomain, de la Tribonnière, de la Bourdonnaye de Montluc et de Coësbou, ou des frères de Cintré.

À proximité de la Vendée, les chouans sont également très actifs. Plus au nord, dans les environs de Châteaubriant, des rassemblements « séditieux » sont signalés çà et là, sans que la garde nationale puisse réellement intervenir. Des maires et des agents nationaux y sont régulièrement assassinés. Le maire de Moisdon, « coupable » de l'arrestation de la sœur de Jean Terrien, est ainsi retrouvé mort. Jean Terrien avait, entre juillet et octobre 1794, commandité et organisé l'assassinat d'une quinzaine de patriotes. Il se rend coupable, avec ses hommes, de la mort de treize républicains dans la commune de Moisdon entre le mois d'avril à la fin du mois de mai.

La région du Maine-et-Loire est victime de la technique du harcèlement mis au point par les bandes insurgées. Il faut ajouter à cela que les crimes se font à mains nues, les munitions étant devenues rares… C'est une véritable terreur qu'inspirent ces escouades durant toute la période que les historiens appelleront le temps de la guérilla chouanne. Et le texte cité ne fait mention que des actes les plus violents ! Il est devenu courant que les chouans brisent les essieux des charrettes pour empêcher les paysans de transporter leurs grains et autres marchandises jusqu'aux marchés…

Coquereau, dans le district qui lui est dévolu, ne se comporte pas de manière différente : là aussi, il tente de faire régner l'épouvante…

Attaque d'un convoi par des chouans jaillis de derrière les arbres.
Illustration originale de J. Le Blant, réalisée pour le livre de Gustave Toudouze, *La Vengeance des Peaux-de-Bique*, 1896.

Parce que ses parents avaient été faits prisonniers, il attaque le bourg de Saint-Laurent, fait exterminé la municipalité qui s'était réunie à la nouvelle de la mort de Robespierre (28 juillet 1794), avant de faire arrêter et fusiller tous les patriotes de la ville, sans distinction d'âge.

Le fort La Loi, à Brest, sert de prison pour les religieux, les nobles… et toutes les personnes susceptibles de troubler l'ordre public.
Illustration de A. Paris pour *Le mystère de la chauve-souris*, Gustave Toudouse, 1900.

Des émigrés déguisés en paysans bretons, apportent des dépêches dans des bâtons creux.
La Bretagne moderne, Pitre-Chevalier, 1860.

Dessin de l'époque caricaturant les émigrés.
Le mois littéraire et pittoresque, Tome XVIII, 1907.

Les enjeux d'un second débarquement

Durant ce temps, Cadoudal et Puisaye travaillent à l'organisation d'un second débarquement qu'ils espèrent moins catastrophique que celui de Quiberon : dès le 16 août, Cadoudal avait adressé une lettre à Puisaye : « Il est grand temps, général, de réparer de manière impérieuse l'échec de Quiberon. Nous attendons vos ordres pour nous porter où vous jugerez à propos ; paraissez, et les chouans se montreront comme à Carnac, mais il faudrait quelques pièces de canon. Ni Brest, ni Lorient, ni Port-Louis n'ont de fortes garnisons. De la promptitude, un secours puissant, et ces places seront bientôt aux mains des royalistes. »

Le comte d'Artois dispose en effet du « troisième échelon d'intervention » prévu par les Anglais. Et il ne s'agit pas d'un simple petit groupe d'hommes. Mais il n'est pas réellement persuadé du bien-fondé d'un débarquement en Bretagne ; les côtes n'y sont pas hospitalières, et surtout, les républicains, au fait de ce qui se trame au sein des groupes insurgés, ont eu le temps de prendre les dispositions nécessaires pour faire échouer leurs plans. La côte est bien gardée par les soldats : de l'embouchure de la Laïta à celle de la Vilaine, les hommes commandés par le général Rey s'opposent systématiquement aux quelques tentatives de débarquement que les royalistes tentent afin de tester les défenses qui peuvent leur être opposées.

Monsieur se défie également, sans le dire ouvertement, des chefs qui étaient présents à Quiberon : il est vrai que ceux-ci n'ont pas fait montre d'une très grande cohérence...

Un conseil de guerre, à bord du *Jason*, se tient au cours du mois de septembre en présence du comte d'Artois, du général anglais Doyle ainsi que du commodore sir John Warren, afin de décider des suites de l'expédition, et surtout du lieu de son débarquement. Il est convenu que le navire rejoindra la Vendée, sur laquelle règne un chef qui ne s'est pas discrédité en juin : Charette.

Au tout début du mois d'octobre, le comte d'Artois débarque donc à l'île d'Yeu. Il y reçoit les délégations des différents chefs insurgés qui souhaitent vivement qu'il se place à la tête d'une armée dévouée à la cause « du trône et de l'autel ». Stofflet y envoie Le Béraudière et d'Autichamp, son second, ; Scépeaux y délègue Lemaître, un de ses officiers d'état-major, tandis que le marquis de Rivière dresse à l'attention de Monsieur un rapport sur les troupes dont il pourrait disposer :

Armée de Charette	24 000 hommes
Armée de Sapinaud et de Fleuriot	14 000 hommes
Armée de Stofflet	20 000 hommes
Armée de Scépeaux et des chouans	12 000 hommes

L'Armée catholique et royale de Bretagne n'entre pas dans ces comptes... Et pour cause ; en ce début d'automne, Cadoudal, indigné peut-être que le débarquement n'ait pas eu lieu où il l'attendait, reprend les armes, avec ses hommes, sans en référer à Puisaye.

La fin du mois d'octobre marque donc la reprise des hostilités dans le Morbihan. Cependant, dans l'impossibilité d'organiser des attaques frontales, le chef chouan utilise la technique du harcèlement dans laquelle il excelle, et va avoir recours au coup par coup : un républicain tué ici, un autre égorgé là...

Le 3 novembre, les troupes de Cadoudal attaquent ainsi au Pont-du-Bodvel les soldats républicains qui escortent un convoi d'effets destinés à la garnison de Vannes. Mais l'attaque précipitée gâche l'effet de surprise, et les soldats réagissent vivement. Les insurgés se voient contraints de battre en retraite à Elven. Le lendemain, les chouans tentent un nouvel assaut qui se solde par un nouvel échec. Le 5, c'est aux républicains de tendre une embuscade près du château de Grand'ville. Une fois de plus, ils sortent victorieux du combat.

Les jours suivants, la colonne républicaine se fait battre au moulin de Toulnay...

Tout comme les Vendéens, les chouans sont confrontés à un problème récurrent : ils manquent cruellement de munitions. Ce manque d'armes sera le leitmotiv de ces guerres. Et tandis que les querelles de pouvoir déchirent les chefs insurgés (Cadoudal et Puisaye, Stofflet et Charette), rendant impossible toute coordination entre les armées royalistes, Cadoudal tente d'obtenir auprès du comte d'Artois un débarquement d'armes.

La fin de l'année 1795 est difficile pour les insurgés : les démarches entreprises par le chef des chouans du Morbihan auprès de Monsieur s'avéreront inutiles, ce dernier préférant finalement renoncer à toute idée de débarquement ; le Directoire vote la mise en état de siège de toutes les communes de plus de 3 000 habitants. Et si la fin d'année est déprimante pour les chouans, celle qui s'annonce va l'être bien plus encore...

Vendéenne et Bretonne ramassant les armes des morts. Le manque de munitions est un problème récurrent pour les insurgés.
La Bretagne moderne, Pitre-Chevalier, 1860.

Une population déstabilisée

Le général Hoche, à qui le Directoire a confié le 26 décembre le commandement des trois armées qui combattaient les insurrections de l'Ouest et qui sont fusionnées pour former l'Armée de l'Océan, inaugure l'année 1796 par une circulaire qu'il adresse à l'ensemble de la population de l'Ouest et destinée à déstabiliser davantage encore les paysans déjà découragés par les échecs de l'année écoulée et par les incessantes luttes intestines qui ruinent tout espoir de victoire.

Stofflet est capturé le 23 février. Il sera fusillé le 26 à Angers. Charette, lui, est arrêté le 23 mars. Ces deux événements vont être décisifs : ils marquent la fin de la guerre. Des affiches annonçant ces événements sont imprimées et placardées sur les murs des villes et des villages du Grand Ouest par les républicains, soucieux que ces informations touchent le plus de population possible.

Le 29 mars, Charette, l'un des plus populaires parmi les chefs rebelles sera fusillé à Nantes, place des Agriculteurs (aujourd'hui place Viarme). La légende raconte que, faisant face au peloton d'exécution, il a déclaré en montrant sa poitrine : « Ajustez bien, c'est là qu'il faut frapper un brave. »

Le printemps 1796 marque la période d'une ultime résistance des hommes de Cadoudal. Un débarquement d'armes a enfin lieu !

Circulaire du général Hoche

« 20 nivôse an IV (10 janvier 1796) : [...] Pour qui, pour quoi portez-vous les armes ? Est-ce pour rétablir vos seigneurs, leurs droits féodaux, la dîme, les corvées personnelles, la gabelle, les impôts et billots, etc., etc. ?
[...] Vous protégez vos bourreaux, et vous vous armez contre ceux qui veulent vous rendre à vos droits naturels !
[...] Valeureux défenseurs de l'État, c'est principalement à vous qu'il appartient de faire respecter et de chérir le régime républicain. N'oubliez jamais que, si vous devez détruire l'ennemi armé, vous devez aussi protéger l'innocent, accueillir le faible, et respecter la propriété de tous. »
Le 27 janvier, le général Lemoine, commandant des troupes du Morbihan, adresse lui aussi une déclaration on ne peut plus claire : « Le gouvernement veut la destruction totale des chouans ! »

Lazare Hoche, général à 25 ans.
La Bretagne moderne, Pitre-Chevalier, 1860.

1.

Les Anglais daignent enfin fournir quelques munitions aux chouans. C'est Cadoudal lui-même qui se chargera de la transaction dans l'anse de Porh-el-Lineneu, près du bourg d'Erdeven.

Le général Hoche, lui, poursuit sa campagne de sensibilisation auprès des populations. Ne parvenant pas à arrêter les bandes chouannes, il s'adresse directement à ceux qui sont

2.

1. Le 22 février 1796, les bleus, avertis de la présence d'insurgés au lieu-dit La Saugrenière, y envoient un détachement qui, au petit matin, capture Stofflet. *Souvenirs du bocage vendéen*, Dom Joseph Roux, 1898.

2. Le 23 mars 1796, Charette, acculé dans un bois, près de la Chaboterie, est fait prisonnier par le général Travot. *Histoire de la Révolution française*, M.A. Thiers, Tome III, 1872.

Exécution de Charette place Viarme, à Nantes le 29 mars 1796, d'après un tableau de Julien Le Blant (1883). Le général vendéen aurait refusé le bandeau qu'on voulait poser devant ses yeux. *Les guerres de la Vendée*, E. Bonnemère, 1884.

Cabane de chouans : « La vie de ces hommes de combat ne fut plus qu'un combat perpétuel ».
La Bretagne moderne, Pitre-Chevalier, 1860.

Aimé du Boisguy, né à Fougères en 1776, surnommé « le nouveau du Guesclin ».
La Bretagne moderne, Pitre-Chevalier, 1860.

susceptibles de leur venir en aide, ou de s'enrôler entre deux travaux des champs.

Mais il ne se contente pas de mots : toute une série de mesures sont prises. Il propose aux paysans, en accord avec Paris, la remise des taxes arriérées et institue le travail des champs compté comme temps de service aux armées.

Parallèlement, il renforce encore les troupes républicaines présentes dans le département du Morbihan et d'Ille-et-Vilaine, en y adjoignant celles qui sont définitivement libérées de Vendée. Sous le co-commandement du général Hoche et du général Quantin, ces troupes, organisées en colonnes mobiles, attaquent systématiquement les « repaires de chouans », réquisitionnent les champs et les bêtes des fermes dont les hommes sont absents (s'ils ne sont pas là, c'est qu'ils ont une autre activité : cela ne peut-être que répréhensible !), imposent de lourdes amendes aux communes dans lesquelles des patriotes se font assassiner, et patrouillent le long des côtes, sur lesquelles les Anglais sont susceptibles de débarquer des armes.

Lantivy, Guillemot et La Vieuville sont tués. Boisguy ne doit la vie qu'au dévouement de son serviteur qui se fait prendre et fusiller à sa place, tandis que Frotté regagne l'Angleterre.

« Chouans », par Charles Fortin. Dans ce tableau, l'artiste décrit le quotidien d'un groupe de chouans cachés dans une cabane. Deux sont en sentinelle près de la porte entrouverte, un troisième fait signe à un ecclésiastique de se cacher tandis qu'une femme leur prépare une galette.
Lille, musée des Beaux-Arts, photo RMN/© René-Gabriel Ojéda

Le mouvement est à bout de souffle

Cadoudal tente une ultime fois de rassembler les énergies et de resserrer les rangs mais se montre inquiet quant aux forces en présence. À l'opposé, Puisaye oppose le plus grand optimisme, montrant par là même qu'il méconnaît absolument la réalité de la situation !

En effet, Hoche fait paraître, le 31 mai, un ordre du jour informant que le chef des chouans Scépeaux, et ses insurgés de la Mayenne, du Maine-et-Loire et de la Loire-Inférieure ont rendu les armes à la République.

Cadoudal, en cette même fin de mois, se rapproche du général Quantin pour entamer des négociations en vue d'une reddition. S'il accepte de rendre les armes, le chef des chouans morbihannais tient cependant à le faire dans l'honneur. Mais le général Hoche exige une capitulation sans conditions. Dans un échange de courrier entre les deux hommes, ce dernier ne dissimule même pas ses menaces : « La très grande quantité de troupes qui, sous peu, sera à ma disposition fera un horrible carnage des hommes illégalement armés et si cruellement trompés par ceux qui s'en disent les pères et les protecteurs. Il ne tient donc qu'à vous d'apporter un prompt remède à ce torrent de calamités. »

Le 18 juin, les chefs des différentes divisions se rendent donc à Vannes, afin de « faire leur soumission ». On compte parmi eux Allègre de Saint-Tronc, Sol de Grisolles et Saint-Romain. Le lendemain, ce sera au tour de Cadoudal et de ses lieutenants les plus proches de venir auprès du général Quantin…

Après avoir signé sa reddition, Georges Cadoudal entame, dès le 21 juin, la tournée de ses quartiers généraux : La Roche-Bernard, Josselin, Rochefort-en-Terre reçoivent ainsi sa visite ; il est en effet contraint de s'assurer personnellement de la reddition de chacune de ses troupes.

Il est amer et désabusé, mais assez lucide quant à l'analyse de la situation politique : « L'absolue majorité des puissances de l'Europe reconnaît la République, le pape

1.

2.

1. Le prince de Condé (1736-1818), général en chef de l'émigration.
Le mois littéraire et pittoresque, Tome XII, 1904.

2. Le comte de Provence, futur Louis XVIII.
Histoire de France populaire, Henri Martin, Tome III.

lui-même traite avec elle. [...] Elle ne peut pas manquer sous peu d'être légitime. »

Le général Hoche peut écrire en toute conscience au Directoire, le 13 juillet 1796 : « Les troubles de l'Ouest sont terminés, et cela grâce à la patience, à l'héroïsme des colonnes mobiles, lancées à travers des régions indomptées. » Pour un temps du moins, l'histoire lui donne raison. Cependant, avant que de s'éteindre réellement, le mouvement chouan connaîtra un ultime sursaut...

« Tout semble annoncer un avenir heureux... »

La pacification de Hoche

La pacification de Hoche va durer plus d'un an, jusqu'au lendemain du coup d'État de fructidor, en septembre 1797. Dès le début du mois d'août 1796, les autorités départementales envoyaient à Paris des rapports plutôt optimistes.

Même si le Grand Ouest semble pacifié, on reste cependant extrêmement circonspect à l'égard des anciens chefs insurgés et des royalistes exilés. Après leur reddition, les généraux « blancs » sont astreints à résidence : ils ne peuvent quitter leur lieu d'habitation sans en référer aux autorités républicaines. Certains sont même inscrits sur la fameuse « liste des émigrés », ce qui signifie pratiquement que leurs biens peuvent être à tout moment confisqués par la République. C'est ce qui arrive à Pierre Guillemot, « Roi de Bignan », alors même qu'il n'a jamais quitté sa région !

Paris décide par ailleurs de durcir sa position à l'égard des émigrés ; ceux qui ont sollicité l'autorisation de rentrer sur le territoire voient leur demande rejetée, quand bien même ils ont déposé les armes et fait allégeance à la République. On se méfie de leur retour. Au tout début de l'année 1797, un arrêté contraint les hôteliers à tenir à disposition de la gendarmerie un registre des noms de leurs clients.

La République reste sur la défensive...

Les anciens chefs insurgés commencent à penser qu'il existe d'autres armes contre le régime en place que la fourche ou le fusil, d'autant que les paysans, un peu déçus par l'attitude de leurs chefs, ne sont pas aussi enthousiastes que par le passé. La liberté de culte inscrite à l'ordre du jour dès le 2 juin 1796, ils n'ont plus autant de motif de grogne, et il faut, en plus, rattraper le temps perdu : le travail des champs exige une régularité qu'ils n'ont pas toujours assumée ces dernières années. En revanche, la victoire aux élections légitimerait la présence aux conseils de monarchistes. Hoche, clairvoyant et inquiet, n'est pas dupe de cette situation en apparence pacifiée.

Effectivement Cadoudal, dès le début de l'automne, quitte sa maison vannetaise pour se rendre à Locoal. De là, espère-t-il, il pourra se soustraire à la surveillance des républicains

3.

4.

et prendre contact avec ceux que l'on nomme dorénavant les « conspirateurs ». Parmi eux, se trouve en premier lieu le prétendant au trône, le comte de Provence avec à ses côtés le prince de Condé qui entretien les contacts avec l'Angleterre et les émigrés. De Paris, Bottier, La Ville-Heurnois, Royer-Collard, Vauvilliers et Duverne de Presles coquettent avec certains députés républicains que l'institution d'une monarchie constitutionnelle ne rebuterait pas. Frotté, aux lettres duquel le courrier de Hoche fait allusion, prend également une part active dans cette « nouvelle » forme d'insurrection. L'année 1797 est donc consacrée, du côté des anciens Vendéens, des anciens chouans et des royalistes, à la préparation d'une restauration monarchique par la voie légale : celle des élections.

Les armes de la République

La constitution de l'an III (1795), avait organisé le pouvoir exécutif en un corps nommé « directoire exécutif », composé de cinq membres appelés « directeurs », renouvelables par un cinquième chaque année. Ces cinq sages sont chargés de la politique extérieure, de l'armée, de la nomination des ministres, et de la promulgation ainsi que de l'application des lois. Le pouvoir législatif, lui, est divisé en deux corps distincts : le « conseil des Cinq-Cents », composé comme son nom l'indique de 500 membres âgés de plus de 25 ans, et le « conseil des Anciens », composé de 250 membres âgés de plus de 40 ans, mariés ou veufs. Ces hommes sont élus au suffrage censitaire et renouvelés par tiers chaque année. Ils sont chargés du budget et ont l'initiative et le vote des lois. On imagine bien l'importance que prennent les élections des membres des conseils : si les royalistes parviennent à faire entrer leurs sympathisants au sein de l'un ou de l'autre des corps, l'orientation politique du pays peut en être bouleversée.

C'est à cela que les « conspirateurs » travaillent !

Et ils travaillent bien, puisque les élections de mai 1797 amènent une majorité de royalistes dans les deux conseils. Le général Pichegru, remplaçant de Letourneur directeur sortant, est du côté des partisans d'une monarchie constitutionnelle. En cela, il trouve un allié en la personne de Carnot, un autre directeur, qui ne verrait pas d'un mauvais œil l'arrivée au pouvoir de Louis XVIII.

Au lendemain des élections, l'un des cinq directeurs, Reubell, propose l'annulation de tout ou partie de celles-ci, arguant des irrégularités d'inscriptions sur les listes. Mais son exhortation est prématurée, et il n'est pas entendu. Le conseil des Cinq-Cents choisit Pichegru pour le présider, et celui des Anciens Barbé-Marbois, connu pour son attitude relativement ambiguë, à tendance plutôt royaliste.

3. Lazare Carnot, membre et président du Directoire en 1795, fut pourtant de ceux qui votèrent la mort de Louis XVI et refusèrent le sursis.
Histoire de France populaire, Henri Martin, Tome IV.

4. Jean-Charles Pichegru, général français de la Révolution, reçut le titre de Sauveur de la Patrie. Président du conseil des Cinq-Cents en 1797, Pichegru, convaincu de collusion avec le prince de Condé, est arrêté après le coup d'État du 18 fructidor et condamné à être déporté à Cayenne en Guyane.
Le mois littéraire et pittoresque, Tome XVIII, 1907.

Ces deux institutions prennent immédiatement des mesures contre-révolutionnaires, telles que l'abrogation des lois contre les émigrés et les prêtres réfractaires, ou une série de textes visant à rétablir l'Église dans ses anciens droits. Au milieu de l'été, les députés royalistes tentent de se doter d'une force armée : ils font alors voter le renforcement de la garde constitutionnelle, et réorganisent la garde nationale parisienne, ainsi que les modalités de nomination des officiers de gendarmerie. Cependant, ces mesures mettent du temps à être mises en application. Les députés royalistes organisent donc la venue des chouans à Paris, tandis que le général Hoche confie le commandement de ses armées au général Lemoine, et les installe à Rueil.

Le 16 fructidor (2 septembre), les monarchistes se déterminent à passer à l'action : il est décidé que Vaublanc, l'un de leur porte-parole les plus influents, mettrait les trois membres non royalistes du conseil des Anciens en accusation « publique » lors de la séance du surlendemain, afin de pouvoir les révoquer. Il n'en aura pas le temps. Au matin du 18 fructidor an V (4 septembre 1797), les soldats républicains bloquent les portes des conseils, arrêtent les chefs royalistes et placardent des affiches dénonçant le « complot royaliste à la solde de l'Angleterre ».

Le comte Joseph de Puisaye part en août 1798 pour le Canada. Revenu en Grande-Bretagne en 1802, il se fait naturaliser britannique.
Histoire de France populaire, Henri Martin, tome IV.

Le lendemain, les membres des deux conseils encore présents (c'est-à-dire les républicains, les autres étant soit en fuite soit en prison), prennent des mesures contre les monarchistes, condamnant 22 membres des deux conseils à l'exil en Guyane, et votent la loi du 19 fructidor. Ce texte casse les élections législatives du printemps 1797 dans les 47 départements conquis par les royalistes.

Un nouveau Directoire se met en place.

Les insurgés, les émigrés et les prêtres réfractaires (réapparus à la suite des mesures prises en leur faveur par les conseils « monarchisés ») redeviennent la cible des autorités.

Les paysans se remettent à grogner : on s'attaque de nouveau à leurs bons prêtres, à peine ceux-ci revenus !

Si les populations paysannes ne sont pas encore vraiment prêtes à reprendre les armes, la colère n'en gronde pas moins, et les royalistes, eux, se tiennent aux aguets. Ils comptent bien exploiter les difficultés que rencontre le Directoire pour porter un coup fatal à la République...

La reprise de la guerre

Une politique extérieure en faveur du mouvement chouan

Les problèmes que rencontre le Directoire sont économiques (toujours !), mais surtout politiques. En effet, le gouvernement est confronté à une nouvelle coalition : le tsar s'allie à l'Angleterre et à l'Autriche pour

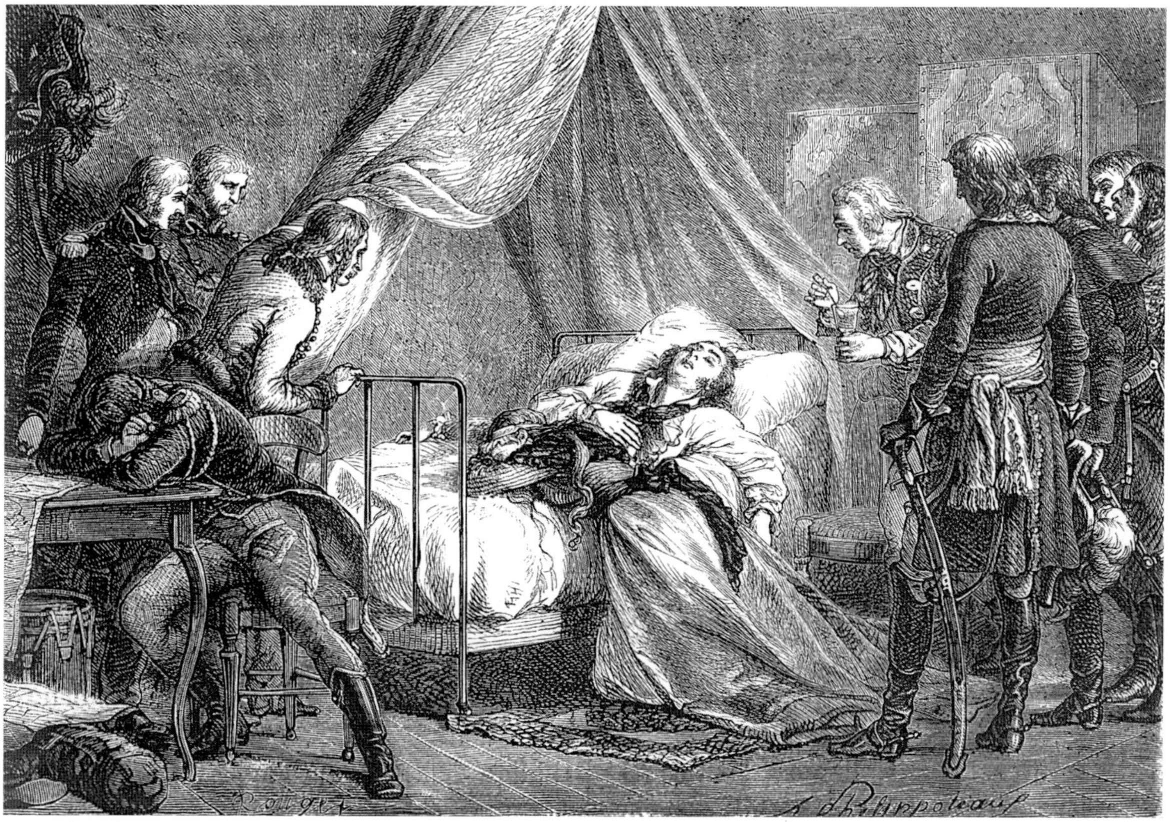

Hoche, « le pacificateur de la Vendée », meurt à l'âge de 29 ans.
Histoire de France populaire, Henri Martin, Tome IV.

contrecarrer les ambitions du gouvernement français. Les conseils sont contraints d'adopter, le 21 août 1798, la loi sur la conscription, qui instaure le service militaire obligatoire pour tous les hommes âgés de 20 à 25 ans. Ces soldats seront mis à la disposition de la Nation en fonction de ses besoins militaires.

Cet arrêté, on l'imagine, ne réjouit guère l'opinion paysanne… Les chefs chouans ont beau jeu, sinon d'encourager, du moins d'accompagner les mécontents, et d'accueillir les jeunes gens qui optent pour l'insoumission et la clandestinité.

La situation est effectivement propice à la reprise des hostilités. Lors de la deuxième pacification, une partie des troupes républicaines avait été déplacée vers l'Italie et sur le Rhin : les soldats « bleus » sont donc nettement moins nombreux dans la région du Grand Ouest !

Deuxième « aubaine » pour les chouans : leur vieil ennemi, le plus acharné de tous, est mort. Lazare Hoche, en effet, après le succès de « sa » pacification, s'était vu offrir le poste de ministre de la Guerre, qu'il avait accepté avant d'être nommé commandant en chef de l'Armée de Sambre-et-Meuse. C'est sans doute en combattant les Autrichiens à Neuwied qu'il contracte la tuberculose. Il s'éteint à Wetzlar, le 19 septembre 1797.

Mais la donne change aussi du côté de l'état-major des insurgés…

Au printemps 1798, le comte d'Artois tout en faisant comprendre qu'il ne se rendrait pas sur le sol de Bretagne, a traité ouvertement Puisaye d'impertinent ; ce dernier, par ailleurs peu apprécié par la majeure partie des émigrés et brouillé avec le gouvernement britannique et les frères de Louis XVI, donne sa démission, obtient des terres pour lui et quelques-uns de ses proches, et s'en va chercher fortune au Canada.

Scépeaux est mis hors jeu par son refus de reprendre la parole qu'il a donnée à Hoche en 1796. Quant à Rochecotte, qui remplaçait Scépeaux, il s'est fait capturer à Paris, à la suite, semble-t-il, d'une dénonciation.

Le comte de Chalus remplace donc Puisaye, et Bourmont, ancien major général de Scépeaux, succède à Rochecotte.

Les insurgés se préparent à la guerre, attendant patiemment que la situation leur soit favorable.

Au cours de l'automne 1798, les choses se précisent, et vont plutôt dans un sens qui leur est positif : tout d'abord, le départ du général Bonaparte en Égypte ; il a quitté Toulon à la mi-mai, accompagné de ses 50 000 soldats et matelots. En août, l'amiral Nelson envoie la flotte française par le fond, à Aboukir, ce qui signifie pratiquement que Bonaparte est « prisonnier » sur le sol égyptien et qu'il est momentanément hors du jeu politique européen.

La révolte des « Républiques sœurs » italiennes et la seconde coalition, évoquée à l'instant, mettent effectivement le Directoire en difficulté.

Cadoudal, dans l'attente de la reprise des hostilités, réorganise une fois de plus ses troupes. Il les divise en « légions » et non plus en « divisions », commandées par un colonel, un lieutenant colonel, un major et des chefs de bataillons. On retrouve, parmi l'état-major de cette armée, Pierre Guillemot, Jean Rohu, Mercier la Vendée, Sol de Grisolles, Le Peige, ainsi que Trécesson.

Cadoudal proscrit tout mariage dans ses rangs : il veut ses hommes prêts pour le combat.

Et lorsqu'en août 1799 le comte d'Artois donne son aval pour la reprise des combats, s'ouvre l'ère de ce que les historiens baptiseront la « chouannerie militaire », qui commence précisément par la réorganisation des troupes insurgées impulsée par Bourmont.

Secondé par Tercier, Bourmont subdivise ses hommes en divisions, légions et bataillons d'infanterie, institue une compagnie d'artillerie, une de sapeurs, ainsi qu'un escadron de hussards et de guides à cheval.

Le commandement de ces troupes est assuré par un général en chef assisté d'un état-major composé de quatre adjudants généraux.

Mais selon les estimations de Bourmont, il faut environ 128 000 hommes pour que cette armée corresponde à son plan ! Il lui faut donc recruter…

Les chefs chouans organisent alors une « conscription royaliste » qui ne rencontre pas beaucoup plus d'enthousiasme que les conscriptions républicaines !

Le 15 septembre 1799, se tient, au château de la Jonchère (dans les environs de Châteaubriant), une réunion de tous les chefs insurgés. On n'y compte pas moins de 200 officiers venus débattre de la date de la reprise des combats. Ils sont escortés pour l'occasion de 1 200 paysans en arme.

D'Autichamp prône la patience au nom du comte de Provence, quand Cadoudal argue de l'autorisation donnée par le comte d'Artois. La reprise des combats est finalement fixée pour le 15 octobre.

Bonaparte, parti pour l'Égypte en mai 1798, ne rentre en France qu'en octobre 1799.
Histoire de France populaire, Henri Martin, Tome III.

La reprise de la guerre

Le retournement de la situation extérieure encourage d'ailleurs les royalistes à ne pas tergiverser davantage : les généraux républicains font en effet vaciller la coalition en remportant coup sur coup la victoire de Bergen (le 19 septembre contre les troupes anglo-russes) et celle de Masséna (26 septembre contre les troupes russes).

Dans la nuit du 15 au 16 octobre, Bourmont attaque donc Le Mans. Dans celle du 20 au 21, Nantes est occupée par les troupes de Châtillon et d'Audigné. Puis ce sera au tour de Mayenne, Laval, Guérande, Pontchâteau, Bayeux, Ancenis de se voir envahies. En Bretagne, Mercier la Vendée entre dans Saint-Brieuc, Guillemot à Locminé, Sol de Grisolles investit La Roche-Bernard, tandis que Cadoudal attaque Vannes.

En fait, même là où les attaques sont réussies, elles ne le sont que partiellement : Bourmont par exemple, après avoir investi Le Mans, saccager les locaux administratifs et ouvert la prison, doit ordonner le repli à ses hommes au bout de quatre jours. Les troupes républicaines ont eu le temps de s'organiser, et sont passées à l'offensive. Il en va de même pour les hommes de Châtillon : une fois les prisonniers royalistes enfermés à la prison du Bouffay libérés, ils doivent se replier devant les armes républicaines. Mercier la Vendée ne fait pas mieux à Saint-Brieuc, tandis que Cadoudal ne parvient même pas à entrer dans la ville de Vannes !

Le 29 octobre, c'est au tour d'Autichamp d'être vaincu à Cholet.

Une fois les villes libérées, les généraux républicains ont à cœur de tenir la Loire pour empêcher que se rencontrent les armées royalistes du territoire chouan et celles du territoire vendéen. C'est au général Travot qu'échoue cette tâche, dont il s'acquitte : les chefs royalistes ne se rejoignent pas.

De violents affrontements ont lieu dans le Morbihan tout au long du mois suivant autour de la ville de Vannes. Cadoudal y concentre une partie de ses troupes pour détourner les soldats républicains de la presqu'île de Rhuys où il attend un débarquement d'armes venues d'Angleterre. Celui-ci a effectivement lieu le 29 novembre : Keats et Windham font, de cette façon, passer quatre canons, deux obusiers, 25 000 fusils, ainsi que six caisses de munitions et de piastres.

L'ancien Bouffay de Nantes, prison des conjurés.
La Bretagne moderne, Pitre-Chevalier, 1860.

L'ex-abbé Sieyès, député du Tiers aux États généraux de 1789, avait alors voté à regret la Constitution civile du clergé. Robespierre, qui se méfiait de lui, l'avait surnommé « la taupe de la Révolution ».
Histoire de France populaire, Henri Martin, Tome III

Le 30 novembre, le convoi, composé de 100 chariots chargés d'armes que les chouans emmènent vers Elven, est attaqué par les armées républicaines : 2 000 fantassins accompagnés de 60 cavaliers se heurtent aux 1 200 hommes que dirige Guillemot. Il ne s'agit plus d'une guérilla ; deux armées s'affrontent bel et bien…

L'issue du combat est pourtant incertaine : après quelques heures de fusillade, les chouans disparaissent, et les républicains ne les poursuivent pas.

De nouvelles mesures prises à Paris

Durant ce temps, à Paris, la situation politique est bouleversée. Débarqué dans l'anse de Saint-Raphaël, près de Fréjus, le 9 octobre, le général Bonaparte a effectué un voyage triomphal qui le mène, le 22, jusqu'à la capitale. Le 11 novembre au matin, Bonaparte, Sieyès et Ducos, consuls provisoires, imposent de nouvelles mesures : en tout premier lieu, ils décident de la suppression de la « loi des otages », qui avait été votée le 12 juillet 1799 et qui prévoyait qu'en cas d'assassinats de fonctionnaires, de curés constitutionnels ou d'acquéreurs de biens nationaux, les parents d'émigrés ou de contre-révolutionnaires seraient susceptibles d'être déportés et seraient passibles de lourdes amendes.

Leur seconde décision est la suppression de l'emprunt forcé, ce qui fait grincer les dents des députés de gauche. Certains s'indignent : « Parce que les grandes fortunes sont atteintes, on vous propose de céder à leurs cris », quand d'autres s'alarment : « La Contre-Révolution est faite ! »

Est décrétée également la réouverture des églises catholiques au culte.

Dernière mesure, la nomination, à la tête des Armées de l'Ouest, du général Gabriel Théodore Joseph d'Hédouville, chargé d'engager des négociations avec les chefs royalistes.

Ce dernier s'acquitte parfaitement de sa tâche ; il a une bonne connaissance des forces et des faiblesses de ses adversaires, et manœuvre habilement : par l'intermédiaire de l'une de ses amies, la vicomtesse Turpin de Crissé, il parvient à faire accepter à Bourmont, Châtillon et d'Autichamp le principe d'une conférence entre les deux camps.

Au début du mois de décembre 1799, une partie des chefs insurgés se rend donc à Pouancé, où doivent avoir lieu les négociations. Certains, tels Scépeaux, Châtillon et d'Andigné sont prêts à arrêter le combat si on ne les désarme pas brutalement et si l'on

Entrevue du comte d'Andigné et du Premier consul Bonaparte le 27 décembre 1799.
La Bretagne moderne, Pitre-Chevalier, 1860.

n'exige pas de nouveaux serments des prêtres réfractaires. Mais tous n'approuvent pas cette entreprise, comme Cadoudal qui ne se presse pas pour se rendre à Pouancé… Son entourage l'y incite pourtant.

Les discussions entre les chefs insurgés ne se déroulent pas, on l'imagine, dans une ambiance des plus calmes. Chacun tente de rallier les autres à ses vues. Une proposition de paix rédigée en 39 articles se dégage finalement de cette réunion, datée du 30 frimaire an VIII (18 décembre 1799), connu sous le nom de « convention de Pouancé » qui sera soumis au gouvernement via le général Hédouville.

C'est Bourmont qui est choisi comme délégué des royalistes auprès du général, et d'Andigné qui est chargé de sonder les intentions de Bonaparte. Ce dernier rencontre effectivement à Paris le Premier consul à la fin du mois de décembre. Mais l'entretien se déroule mal et, le 29 décembre, Bonaparte, qui semble avoir compris que ce texte de Pouancé n'avait d'autre but que de temporiser, fait publier un texte dans lequel s'exprime sa détermination : « Une guerre impie menace d'embraser une seconde fois les départements de l'Ouest. Le devoir des premiers magistrats de la République est d'en arrêter les progrès et de l'éteindre dans son foyer ; mais ils ne veulent déployer la force qu'après avoir épuisé les voies de la persuasion et de la justice. »

C'est dans ce contexte délicat qu'Hédouville parvient à réunir une fois de plus les chefs insurgés. De nouvelles négociations s'ouvrent le 8 janvier 1800 au manoir de la Puits-Racault à Candé, près d'Ancenis, bien que Cadoudal se soit énergiquement prononcé contre toute forme de pacification : « Il [Bonaparte] veut nous forcer à signer la paix malgré nous. Il n'y a plus de conférence possible. Reprenons les armes. »

Ces négociations qui n'en sont pas vraiment exaspèrent singulièrement le Premier consul qui fait paraître, dès le 11 janvier, les arrêtés suivants :

« Art. 1. Il est défendu à tous les généraux et fonctionnaires publics de correspondre en aucune manière et sous quelque prétexte que ce soit avec les chefs des rebelles.

Art. 2. Les gardes nationales de toutes les communes prendront les armes et chasseront les brigands de leur territoire.

Art. 3. Les communes dont la population excède 5 000 habitants fourniront des colonnes mobiles pour secourir les communes d'une moindre population.

Art. 4. Toute commune qui donnerait asile et protection aux brigands sera traitée comme rebelle, et les habitants pris les armes à la main seront passés au fil de l'épée.

Art. 5. Tout individu qui prêcherait la révolte et la résistance armée sera fusillé sur-le-champ. »

Il nomme, dans les jours qui suivent, le général Brune à la tête de l'Armée de l'Ouest. Ce dernier sera secondé par les généraux Humbert, Dumoulin, Gardanne, Michaud, Tilt et Guillet. C'est essentiellement contre le Morbihan que l'armée républicaine doit porter ses efforts. Pour Bonaparte, la seule réelle pierre d'achoppement à la pacification, c'est Georges Cadoudal !

Effectivement, ce dernier est bien seul… Bonaparte va plus loin que ne l'avait fait Hoche ; il accorde aux paysans ce que les royalistes leur promettaient : non pas la simple

Les arrestations continuent contre les personnes suspectées d'aide à la rébellion.
Illustration originale de J. Le Blant, réalisée pour le livre de Gustave Toudouze, *La Vengeance des Peaux-de-Bique*, 1896.

Les chefs vendéens font leur soumission.
Histoire de France populaire, Henri Martin, Tome IV.

liberté de culte, mais bien le retour triomphant des prêtres réfractaires. Et puis la situation militaire lui permet d'exempter (momentanément) l'Ouest de la conscription… Dans de telles conditions, il n'est plus nécessaire de se battre. La pacification se fait presque d'elle-même !

Sauf dans le Morbihan, donc, où Cadoudal continue de recevoir des Anglais munitions et argent. Il peut donc opposer aux troupes dirigées par le général Brune ses 30 000 hommes bien armés et entraînés. La confrontation a lieu au Pont du Loc'h, le 25 janvier 1800 : ce sera un échec pour les chouans…

Cadoudal signera à Saint-Avé le 13 février 1800 le traité de Beauregard, par lequel il accepte de mettre bas les armes. La chouannerie a pris fin !

Conclusion

Les guerres qui ont ravagé l'ouest de la France prennent fin avec cet armistice. Mais les contre-révolutionnaires s'agitent toujours... Cadoudal fut contraint à cette paix, mais il reste insoumis. Bonaparte lui a-t-il ordonné de rejoindre Paris ? Il traverse la Manche et rejoint le comte d'Artois.

Si ni l'un ni l'autre ne sont directement responsables de l'« attentat de la machine infernale », des proches du comte, dont Hyde de Neuville, ainsi que le frère de Cadoudal, Julien, y seront mêlés.

De retour en Bretagne, Cadoudal prépare sa dernière bataille : l'enlèvement de Bonaparte ! Mais cet ambitieux projet n'est cependant un secret pour personne. Pichegru, Moreau, Rivière et Polignac, ses principaux compagnons, sont arrêtés par la police de Fouché avant d'avoir pu agir. Le 9 mars 1804 (18 ventôse an 12), à 19 heures, près de la rue des Boucheries, Cadoudal est fait prisonnier à son tour. Il sera jugé en compagnie de 41 accusés, condamné à mort et exécuté le 12 juin.

Page de gauche : **« La mort de Barra », d'après le tableau de Weerts.** Désireux de tirer profit de la mort du jeune républicain, Robespierre réclama une pension pour la mère de l'enfant et proposa d'inhumer le corps du jeune héros au Panthéon. Ce transfert n'eut jamais lieu, mais les artistes de la Révolution française ne tardèrent pas à exploiter la légende, et la mort de Barra fut immortalisée en peinture par David et dans le *Chant du départ* par Chénier. Ici, le jeune Barra, habillé en hussard, bras en croix, brave les Vendéens qui l'encerclent. Cette œuvre fut commandée en 1880 par le gouvernement qui fit faire 500 000 photographies de cette toile et les fit distribuer dans toutes les écoles.
Le Petit Journal, 24 septembre 1894.

La dernière arrestation de Georges Cadoudal, le 25 mars 1804, est très mouvementée, donnant lieu à une véritable course-poursuite dans les rues de la capitale.
Le mois littéraire et pittoresque, Tome XVIII, 1907.

Marie-Caroline de Bourbon-Sicile, « le seul homme de la famille des Bourbons », essaie en vain de soulever la Vendée contre Louis-Philippe. Elle est arrêtée à Nantes en 1832.
Histoire de France populaire, Henri Martin, Tome VI.

La mort de ceux-là ne met pas fin au courant contestataire, mais le conflit va se faire désormais politique ; les populations paysannes vendéennes et bretonnes, celles qui furent au centre des combats, soignent leurs plaies et retournent à leur terre.

La guerre de Vendée aura duré de 1793 à 1796, et la chouannerie jusqu'à 1800…

« Tout ce que l'on détruisait de l'Ancien Régime n'excitait que de faibles regrets, mais tout ce qui composait le nouvel ordre des choses excitait le mécontentement. Les paysans s'étaient réjouis de la suppression des subdélégations, des sénéchaussées, de toutes les justices fiscales de la féodalité ; mais ils retrouvaient dans les administrations les mêmes hommes […] qui corrompaient d'abord l'autorité et en abusèrent d'autant plus qu'ils avaient reçu plus de témoignages de haine. Les paysans avaient vu avec plaisir l'abolition de l'ordre de la noblesse […] ; mais ils ne purent supporter les propriétaires bourgeois, ces nouveaux affranchis qui prenaient le ton des seigneurs. Ils ne purent supporter cette supériorité que donnèrent aux villes des gardes nationales nombreuses et l'établissement d'assemblées politiques. Ils eussent vu patiemment la constitution civile du clergé, l'obligation du serment imposé aux prêtres, les peines prononcées contre les réfractaires. L'enlèvement, les déportations de leurs curés s'exécutèrent, toutes les fois qu'on le voulut, sans troubles et sans résistances ; mais ils se révoltèrent quand les villes s'armèrent pour imposer militairement les nouveaux curés. [...] Ils ne concevaient pas quelle valeur on pouvait donner aux assignats ; on les contraignit de les recevoir : ils se crurent volés. Ils ne fréquentèrent plus les marchés, et quand il fallut aller chercher à main armée dans les fermes les denrées qu'ils négligeaient d'apporter, ils crurent que les campagnes étaient livrées au pillage. La chute du trône les effraya surtout, et tous les patriotes qui portaient les couleurs de la République leur parurent des régicides.

Enfin, exempts d'impôts et de milice, ils détestèrent un régime où ils devaient payer des contributions et fournir des soldats. [...] »

Ainsi les causes de l'insurrection sont locales ; ainsi les nobles et les prêtres ne peuvent en être regardés comme les auteurs ; ainsi la religion n'en fut point le motif.

« [...] Les paysans désiraient obtenir tout le contraire de ce qui existait : dans le rétablissement de la royauté, ils apercevaient confusément l'anéantissement des municipalités, des districts, de toutes les installations nouvelles. Les chefs ne voulaient pas, pour la plupart, le retour de la noblesse et de la féodalité ; ils ne voyaient dans le rétablissement de la monarchie et de la royauté que la possibilité de faire oublier leur révolte et d'en être récompensé. Ainsi c'est moins l'amour de la royauté que la haine de la révolution qui produisit l'insurrection...

On eut prévenu l'insurrection si on n'avait pas rendu la révolution odieuse à ceux même qui devaient en recueillir tous les fruits, si on eut mis plus de modération, de justice, de prudence, d'impartialité dans l'exercice du pouvoir [...]. »

Telles sont les révoltes populaires, expliquées au début de l'Empire par Huet de Coetlisan, ancien administrateur républicain de Nantes, que nous proposons ici en guise de conclusion...

Deux des nombreux exemples de cultes populaires qui ont perduré depuis plus de deux siècles.
La « tombe à la fille » à Teillay (Ille-et-Vilaine) : Marie Martin, une bleue, aurait dénoncé des chouans qui la tuèrent pour se venger. Sa tombe, régulièrement fleurie, est visitée par les personnes soucieuses de guérir de la stérilité et de la paralysie.
(Photo Hervé Ronné)

La tombe de Houillot à Martigné-Ferchaud (Ille-et-Vilaine). Houillot, fervent chrétien, fut assassiné par les bleus qui l'auraient obligé à creuser sa tombe et l'y auraient enterré vivant.
Les saints qui guérissent en Bretagne, Hippolyte Gancel, Éd. Ouest-France.

Galerie de portraits

« Cœur vendéen ».
Collection musée d'Art et d'Histoire de Cholet, cliché Patrick Pestre.

Les insurgés

Autichamp (Charles, comte d')

Le comte Charles d'Autichamp, né en 1770 au château d'Angers, entre à l'âge de 12 ans dans l'armée. En 1789, il passe au régiment de Condé, puis intègre la garde constitutionnelle de Louis XVI.

Après les événements du 10 août 1792, il se réfugie en Anjou où il s'attache à Bonchamps. Après la défaite de Cholet, c'est lui que l'on charge d'assurer le passage de la Loire. Il assistera à la mort de Bonchamps.

Quelque temps plus tard, il prend part à la virée de Galerne sous les ordres de Stofflet, ainsi qu'à l'échec de l'attaque d'Angers au retour de Granville.

En janvier 1796, l'abbé Bernier le fait nommer commandant en chef de l'Armée royale d'Anjou et du Haut-Poitou. En 1797, les conditions honorables de capitulation que lui offre Hoche l'incitent à traiter avec ce dernier.

En 1815, lors du retour de Napoléon, il tente une ultime fois de soulever la Vendée. Mais peu soutenu par les paysans, il livre avec ses hommes plusieurs combats sans enthousiasme à Cholet et Rocheservière.

Sous la Restauration, le comte Charles d'Autichamp sera nommé pair de France. Il s'éteindra en 1859 dans son château de la Rochefaton, près de Parthenay.

Boishardy (Charles, le Bras de Forges de)

Charles le Bras de Forges de Boishardy, né en 1762, était tout d'abord officier de marine. Mais le départ de son régiment pour Saint-Domingue le pousse, en 1792, à démissionner. Son appartenance à l'Association bretonne incite la Rouërie à le désigner commandant des troupes insurgées des Côtes-d'Armor. À partir de ce moment, il devient l'un des chefs importants de la chouannerie, et se fait le champion des relations avec Jersey.

En déroute à la fin de l'année 1794, il est contraint de conclure une conciliation avec le général Humbert. Il signera, avec Cormatin, le traité de La Mabilais. Après la rupture de la trêve, il est tué le 17 juin 1795.

Bonchamps (Charles Melchior de)

Charles Melchior de Bonchamps est né en 1760 au château du Crucifix à Juvardeil. Cadet au régiment d'infanterie d'Aquitaine en 1776, il fit une campagne aux Indes avant d'épouser, en 1789, Marie-Marguerite Scépeaux.

En mars 1793, il organise une compagnie de chasseurs, qu'il arme et solde à ses frais, et qui formera le noyau de l'armée vendéenne. Il participera personnellement à la plupart des grands combats de l'armée des insoumis avant d'être tué à Cholet.

Cadoudal (Georges)

Georges Cadoudal est né en 1771 à Kerléano-en-Brech, un village proche d'Auray. Il se range, dès le début de la Révolution, du côté des prêtres réfractaires. Présent au siège de Granville, il se fait remarquer lors des batailles du Mans et de Savenay. Après la virée de Galerne, il rentre en Bretagne avec son ami Mercier, surnommé « Mercier la Vendée », et organise un mouvement insurrectionnel. Arrêté à Brest avec sa famille, il réussit à s'échapper et rejoint le Morbihan, où il s'engage aux côtés des émigrés lors du débarquement de Quiberon.

Il devient, après cette affaire, le chef le plus actif de la chouannerie jusqu'à la pacification qu'il signe avec le général Brune en 1800. Refusant l'offre napoléonienne de venir à Paris, il s'installe en Angleterre aux côtés du comte d'Artois, d'où il ne rentre en 1803 que pour préparer l'enlèvement de Bonaparte. Pris en mars 1804, il est condamné et fusillé le 15 juin 1804.

Bonchamps.
Les guerres de la Vendée, E. Bonnemère, 1884.

Cadoudal.

Cathelineau.
Histoire de France populaire,
Henri Martin, Tome VI.

Cathelineau (Jacques)

Jacques Cathelineau, né en 1759 au Pin-les-Mauges, fut voiturier et colporteur avant de s'insurger dès les premières années de la Révolution. C'est sous son commandement que les villes de Jallais et Chemillé seront prises en mars 1793. En juin de la même année, il est nommé « général en chef de la Grande Armée catholique et royale ». Il dirige l'attaque de Nantes où il est mortellement blessé. Transporté à Saint-Florent-le-Vieil, il y meurt le 14 juillet 1793.

Charette.

Charette de La Contrie (François Athanase de)

François Athanase de Charette de La Contrie, plus connu sous le nom de « Charette », est né près de Nantes en 1763. Officier de marine, il participe à la guerre d'indépendance américaine avant de quitter l'armée pour émigré à Coblence en 1790. Mais les événements le ramènent à Paris où il défend Louis XVI aux Tuileries, le 10 août 1792. Retiré dans son manoir de Fonteclause, il se défend dans un premier temps de s'engager aux côtés des insurgés. Les circonstances le pousseront à changer d'avis, et il prend la direction d'une troupe de paysans révoltés. Après ses victoires de Pornic et Machecoul en mars 1793, il devient le chef du marais breton. S'il ne prend pas part à la virée de Galerne, il connaît, après cette date, le même sort que les autres insurgés rescapés : la fuite et l'errance devant des troupes plus nombreuses et mieux organisées. Il négociera avec les représentants de la convention thermidorienne au traité de la Jaunaye en février 1795, mais reprendra les armes dès juin. L'échec de l'expédition de Quiberon l'affaiblira durement. Finalement capturé, il sera fusillé à Nantes le 29 mars 1796.

Jean Cottereau, dit Jean Chouan.
La Bretagne moderne, Pitre-Chevalier, 1860.

Elbée (Maurice, Joseph, Louis Gigost d')

D'Elbée est né à Dresde en 1752. D'abord favorable au système démocratique et à certaines idées de la Révolution, il va agir en faveur de la République. Cependant, la constitution civile va le faire changer d'avis, l'encourageant à émigrer. C'est quand l'État menace de lui confisquer ses biens qu'il revient en France et s'engage dans l'armée vendéenne aux côtés de Stofflet, Sapinaud ou encore

Elbée.

Cotterau (Jean, dit « Jean Chouan »)

Jean Chouan est né à Saint-Berthevin, près de Laval, en 1767. Son surnom viendrait, selon certains, du signe de ralliement des faux sauniers s'appelant dans la nuit pour se reconnaître en imitant le cri de la chouette, ou bien il s'agirait du surnom donné à son père pour cause d'humeur taciturne. Soupçonné du meurtre d'un gabelou, il se serait enrôlé dans l'armée pour échapper à toute poursuite. Garde-chasse, catholique et royaliste, il aurait été impliqué dans la conspiration de la Rouërie. Lors de la levée des 300 000 hommes, il prend les armes et entraîne une petite troupe avec lui. Ses victoires successives le poussent à organiser une armée de plus en plus étoffée, jusqu'à la défaite du Mans. Replié dans les bois de Misedon, il réorganise ses troupes et continue ses incursions. Le 25 juillet 1794, sa cachette étant attaquée, il se fait tuer en s'attardant, dit-on, pour permettre à sa belle-sœur enceinte de se mettre à l'abri.

Frotté.

La Rochejacquelein. À la mort de Cathelineau, il est nommé chef de l'Armée d'Anjou. Blessé à Cholet et transporté à Noirmoutier où il est fait prisonnier, il meurt fusillé par les Républicains le 6 janvier 1794. Son corps, jeté dans les douves, n'a jamais été retrouvé.

Frotté (Marie Pierre-Louis, comte de)

Marie Pierre-Louis, comte de Frotté, est né à Alençon en 1755. Émigrant, il combattit dans l'Armée de Condé avant de rejoindre l'Angleterre en 1794. Proche de Puisaye, il fut chargé par ce dernier d'« aller faire en Normandie ce qu'on fait en Bretagne ». Après la conférence de La Mabilais, la pacification étant signée en Bretagne, il part en Normandie combattre avec sa troupe de 400 hommes qu'il baptise du nom de « chevaliers de la couronne ». Il passera les années suivantes entre la France de l'Ouest et l'Angleterre. Au printemps 1800, de retour à Alençon après la soumission de Cadoudal et d'Autichamps, il propose de traiter avec le Premier consul. Traduit devant un conseil de guerre, il est condamné à mort et fusillé le 17 février 1800.

Guillemot (Pierre)

Pierre Guillemot, né à Budéo en 1760, fut un proche de Cadoudal. Associé en 1795 aux combats de Grandchamp et de Quiberon, il suit le chef de la chouannerie et participe aux attaques de celui-ci. Nommé adjudant général, il passe en 1804 au service du comte d'Artois à Londres. Son ami Cadoudal étant enfermé à Paris, il tente de rejoindre la capitale pour le délivrer. Débarqué à Concarneau, il est dénoncé et arrêté. Transféré à Vannes, il est jugé et exécuté le 5 janvier 1805.

La Rochejaquelein (Henri du Vergier, comte de)

Henri du Vergier, comte de La Rochejaquelein, est né en 1772 au château de la Durbellière, près de Mauléon (Poitou). En 1791, il fait partie de la garde de Louis XVI, mais n'émigre pas. Vainqueur à la bataille des Aubiers, il remporte également celle de Thouars le 5 mai 1793. La prise de Fontenay-le-Comte, la bataille de Luçon et le combat de Chantonnay le voient se battre victorieusement. Après Cholet, il est élu général en chef de l'Armée catholique et royale. Le 22 octobre 1793, il remporte la bataille d'Entrammes, près de Laval. Il gagne aussi la bataille d'Antrain, mais ne peut empê-

cher l'échec d'Angers, ni le désastre du Mans. Alors qu'il est passé sur la rive gauche de la Loire, il est tué à Nuaillé, le 28 janvier 1794.

Mercier (Pierre, dit « Mercier la Vendée »)

Mercier la Vendée est née à Château-Gontier en 1774, d'un père aubergiste. Ami de Cadoudal, il le suivit dans sa lutte et devient son adjoint. Combattant à Quiberon, c'est lui qui est chargé de rejoindre le comte d'Artois à l'île d'Yeu pour le convaincre de débarquer dans le Morbihan. À la suite de l'échec de sa démarche, il se rend en Angleterre pour y chercher des subventions. Organisateur de l'attaque de Saint-Brieuc en octobre 1799, il se soumet, avec Cadoudal, au général Brune en 1800. Après un autre aller-retour à Londres et une autre attaque de Saint-Brieuc, il est arrêté, jugé puis fusillé en janvier 1801.

Puisaye (Joseph Geneviève, comte de)

Joseph Geneviève, comte de Puisaye, plus connu sous le nom de « Puisaye », est né en 1755 dans le Perche. Colonel aux Cent-Suisses de la maison du Roi, il est élu député du bailliage du Perche aux États généraux en 1789. Engagé en 1791 dans la révolte fédéraliste, il quitte la capitale et se réfugie près de Rennes d'où il organise des troupes de combattants, et crée un conseil militaire. Ayant pris contact avec l'Angleterre, il part à Londres en 1794, et tente de convaincre Pitt de la nécessité d'un débarquement en Bretagne. Son plan aboutira au débarquement de Quiberon en juin 1795. Lors du départ des Anglais, il s'embarque sur un de leurs bateaux et débarque à Houat, avant de regagner la terre et se rendre à Rennes. Mais l'échec de son plan et sa « fuite » sur un bateau anglais lui ont fait perdre tout crédit auprès de Cadoudal et les siens. Nouveau départ pour Londres où il prend contact avec le comte d'Artois pour organiser un nouveau débarquement. D'Artois refuse, Puisaye part au Canada fonder un établissement. À son retour en 1801, on le reçoit avec suspicion dans les milieux royalistes. Installé à Londres, il se fait naturaliser sujet britannique et meurt en 1827 sans avoir revu la France.

La Rochejaquelein.

Puisaye.
Le mois littéraire et pittoresque, Tome X, 1903.

Stofflet.

Royrand de la Roussière (Louis Charles Augustin)

Louis Charles Augustin Royrand de la Roussière, plus communément appelé « Royrand », est né en 1726. Lorsque les paysans réunis à Saint-Fulgent (centre de la Vendée militaire) décident de l'élire comme général, il est officier retraité du régiment de Navarre. Ses combats le mènent du camp des Quatre-Chemins-de-l'Oie à Luçon où il connaît deux fois la défaite, en passant par la virée de Galerne. Blessé au siège de Granville, il meurt sur le chemin de la retraite, près de Baugé, au début du mois de décembre 1793.

Stofflet (Jean Nicolas)

Jean Nicolas Stofflet est né en Lorraine, en 1753. Il quitte ses fonctions de soldat pour rejoindre Cathelineau, avec qui il prend Cholet. Après la virée de Galerne, il passe la Loire avec La Rochejaquelein, il réorganise une bande d'insurgés et continue de se battre. Contrairement à Charette, il refuse de signer le traité de la Jaunaye, mais se voit contraint de parapher celui de Saint-Florent-le-Vieil le 2 mai 1795. Après la rupture du traité, il reprend une fois de plus les armes. Sans doute trahi, il sera arrêté, jugé et fusillé le 25 février 1796.

Jambe d'argent.
La Bretagne moderne, Pitre-Chevalier, 1860.

Treton (Jean-Louis, dit « Jambe d'argent »)

Jean-Louis Treton, connu sous le nom de « Jambe d'argent », est né en 1870 à Astillé en Mayenne. Fils de métayer, il fut d'abord garçon de ferme avant que d'être colporteur, puis batelier sur la Maine. Blessé à la jambe dans son enfance, les médecins de l'hôpital d'Angers avaient appliqué sur sa plaie une plaque métallique, d'où son surnom ! Son infirmité ne l'empêche pas de rejoindre les troupes insurgées, de participer à la virée de Galerne et d'atteindre Granville avant d'assister à l'échec de la bataille de Savenay. De retours à Astillé en 1794, il continue de se battre. Il trouvera la mort dans le combat de Cosmes le 27 novembre 1795.

Insigne républicain, 1793.
Bibliothèque nationale de France.

Les républicains

Beysser (Jean-Michel)

Jean-Michel Beysser est né à Ribeauvillé en 1753. Il s'engage dans les dragons de Lorraine en 1778. Il restera dans ce corps armé jusqu'en 1781, date à laquelle il fut recruté comme chirurgien major dans un régiment suisse au service des Pays-Bas. Lieutenant-colonel en 1790, puis général de brigade en 1793, il s'illustre lors de la défense de Nantes, mais se fait battre à Montaigu par les insurgés. Accusé une première fois de fédéralisme, cette défaite lui vaut une arrestation suivie d'une condamnation à mort. Le 13 avril 1794, il est exécuté en même temps que Dillon et Chaumette.

Canclaux (Jean-Baptiste, comte de)

Le comte Jean-Baptiste de Canclaux, militaire de carrière, né en 1740 à Paris, va se voir confier, en 1792, la charge de réprimer l'insurrection de l'Ouest. Son premier succès face aux troupes insurgées, il le remporte à Quimper, avant de réussir à mettre Nantes hors d'atteinte des incursions « blanches ». Après la bataille de Cholet, il est destitué et emprisonné comme aristocrate. Libéré peu de temps après, il se retire dans l'Oise d'où il est rappelé, après Thermidor, pour prendre la tête de la nouvelle Armée de l'Ouest. Second de Hoche à Quiberon, il est le vainqueur de Charette à Montaigu.

Canclaux.
La Bretagne moderne, Pitre-Chevalier, 1860.

Ambassadeur, inspecteur général de la cavalerie, sénateur, comte d'Empire, commissaire extraordinaire et enfin pair de France, le comte Jean-Baptiste Canclaux terminera sa vie à Paris, où il meurt en 1817.

Hoche.
Histoire de la Révolution française, M.A. Thiers, Tome III, 1872.

Kléber.
Histoire de France populaire, Henri Martin, Tome VI.

Haxo (Nicolas)

Nicolas Haxo est né à Étival, en 1749. Soldat au régiment de Touraine, il est major général des gardes nationales des Vosges en 1790. Entre 1792 et 1793, il sert à l'Armée du Rhin, puis est nommé général de brigade en 1793 et envoyé en Vendée pour participer à la bataille de Cholet. Sa mission suivante fut la capture de Charette : elle dura plusieurs mois aux termes desquels il trouva la mort dans une embuscade au bourg de Clouzeaux le 20 mars 1794.

Hoche (Lazare)

Lazare Hoche est né à Versailles en 1768. Engagé dans les gardes françaises en 1784, il est nommé caporal, capitaine, chef de bataillon sur la demande de Carnot, puis général de division en 1793. Combattant des Prussiens et des Autrichiens, il fut, à la suite de ces guerres, dénoncé comme suspect et enfermé à la Conciergerie. Après le 9 thermidor, il est libéré par Carnot et reçoit la mission de neutraliser l'insurrection et de pacifier l'Ouest. Il sera à l'origine des traités de la Jaunaye et de La Mabilais, et responsable de l'échec du débarquement de Quiberon. Il allie une relative tolérance religieuse à une stratégie de harcèlement et à une fermeté qui n'empêche pas la négociation. C'est sous ses ordres que Charette et Stofflet seront pris et jugés. Sa mission de pacification accomplie en 1796, on lui offre le poste de ministre de la Guerre, qu'il accepte pour le quitter très vite. Commandant en chef de l'Armée de Sambre-et-Meuse, il combat les Autrichiens à Neuwied. Il meurt de tuberculose à Wetzlar, le 19 septembre 1797, à l'âge de 29 ans.

Kléber (Jean-Baptiste)

Jean-Baptiste Kléber est né à Strasbourg en 1753. Officier dans la garde nationale dès 1789, il est nommé lieutenant général en 1792, puis général de brigade à l'Armée des

Marceau.
Histoire de la Révolution française,
M.A. Thiers, Tome III, 1872.

Côtes de La Rochelle. Avec ses hommes, il s'empare de Montaigu et occupe Clisson. Il sera blessé lors d'un combat à Torfou. Kléber passe ensuite à l'Armée de l'Ouest, où il exécute les plans de Cancleaux, et remporte la bataille de Cholet. Les défaites subies à Entrammes et à Antrain ne l'empêchent pas de devenir chef de l'armée, et de prendre part aux batailles décisives du Mans et de Savenay. Quittant l'Ouest, il s'engage aux côtés de l'Armée du Nord dans la bataille de Fleurus. Il mourra assassiné au Caire en 1800. Il avait remplacé Bonaparte à la tête de l'armée française en Égypte.

Marceau Desgraviers
(François Severin)

François Severin Marceau Desgraviers est né à Chartres en 1769. En 1792, ayant participé en tant que lieutenant-colonel à la défense de Verdun, c'est à lui que revient la charge de porter au roi de Prusse l'acte de capitulation. Dès 1793, il est envoyé en Vendée. Libérant le représentant Bourbotte des mains des insurgés après le combat de Saumur, il poursuit sa mission par la bataille de Luçon, puis de Chatonnay. Il fut pour beaucoup dans la victoire des siens à Cholet. Battu à Entrammes et à Antrain, il gagne la bataille du Mans et contribue à celle de Savenay. Mais indigné, dit-on, par la conduite de ses troupes après la victoire, il demande son transfert hors de l'Ouest et passe à l'Armée des Ardennes. Blessé à Altenkirchen, il meurt le 21 septembre 1796.

Turreau de Garambouville
(Louis Marie, baron de Linières)

Louis Marie Turreau est né à Évreux en 1756. S'il fut d'abord garde suppléant du corps du duc d'Artois, il fut rapidement général de la garde nationale d'Évreux. Puis, ayant combattu aux frontières du Nord en 1793, il devient général de brigade de l'Armée des Côtes de La Rochelle. Il est ensuite nommé commandant en chef de l'Armée des Pyrénées-Orientales, puis remplace Marceau après la bataille de Savenay. L'Armée catholique et royale n'existant plus, il n'eut face à lui que des bandes éparses et des paysans découragés. Il n'en appliqua pas moins le régime de la Terreur que lui imposait la Convention. Après la prise de Noirmoutier, il organise les fameuses « colonnes infernales ». Les excès dont furent responsables ses colonnes lui valurent la suspension de ses fonctions : en mai 1794, il est nommé, dans une demi-disgrâce, gouverneur de Belle-Ile. Enfermé puis amnistié fin 1794, il reprend du service dans l'Armée de Sambre-et-Meuse et dans l'Armée du Bas-Rhin en 1799. Bonaparte le nomme ambassadeur aux États-Unis d'Amérique d'où il ne revient qu'en 1813 pour reprendre ses activités militaires. Il meurt chez lui, à Conches, en Normandie, en décembre 1816.

Chronologie

Les grandes dates de la Révolution française

1789

Janvier : Parution de la brochure de l'abbé Sieyès Qu'est-ce que le tiers état ?
7 février : Rédaction des cahiers de doléances.
5 mai : Ouverture des Etats généraux à Versailles.
17 juin : Le tiers état se proclame Assemblée nationale.
20 juin : Serment du Jeu de paume.
14 juillet : Prise de la Bastille.
18 juillet : Début de l'émigration. Début de la Grande Peur.
4 août : Abolition des privilèges et du système féodal.
26 août : Déclaration des droits de l'homme et du citoyen.
4 août : Abolition du régime féodal et des privilèges.
26 août : Déclaration des droits de l'homme et du citoyen.
2 novembre : Les biens du clergé sont confisqués.

1790

13 février : Suppression des ordres monastiques.
21 mars : Suppression de la gabelle.
14 mai : Mise en vente des biens du clergé.
19 juin : Abolition de la noblesse héréditaire.
12 juillet : Constitution civile du clergé.
14 juillet : Fête nationale de la Fédération.

1791

10 mars : Pie VI condamne la Constitution civile du clergé dans sa bulle « Quod aliquantum ».
14 juin : Loi Le Chapelier interdisant les « coalitions ouvrières ».
20-21 juin : Fuite du roi à Varennes.
27 août : Déclaration de Pillnitz par laquelle l'empereur et le roi de Prusse appellent les souverains d'Europe à réagir face à la Révolution.
1er septembre : Première séance de l'Assemblée nationale législative.
13 septembre : Louis XVI approuve la Constitution française de 1791.
30 septembre : Dissolution de l'Assemblée constituante.
1er octobre : Ouverture de l'Assemblée législative.

1792

7 février : Alliance défensive contre la France révolutionnaire entre l'Autriche et la Prusse.
20 avril : Déclaration de guerre au « roi de Bohême et de Hongrie ».
13 juin : Renvoie des ministres girondins.
20 juin : Les sans-culottes défilent dans l'Assemblée et aux Tuileries.
30 : Le coup d'Etat de Lafayette est avorté.
11 juillet : L'Assemblée proclame « la Patrie en danger ».
25 juillet : Manifeste du duc de Brunswick.
9-10 août : Formation à l'hôtel de ville de Paris d'une Commune insurrectionnelle.
10 août : Création d'une nouvelle assemblée : la Convention nationale. La monarchie est renversée.
11 août : Réforme électorale : la future assemblée sera élue au suffrage universel.
Décret de déportation possible des prêtres réfractaires sur simple dénonciation de vingt citoyens.
4 septembre : Début des « massacres de Septembre ».
20 septembre : Victoire de Valmy.
Laïcisation de l'état civil.
21 septembre : Première séance de la Convention et abolition de la royauté.
25 septembre : La République française est « une et indivisible ».
11 décembre : Ouverture du procès de Louis XVI à la Convention.

1793

21 janvier : Exécution de Louis XVI.
23 février : Conscription : décrets qui visent la levée de 300 000 hommes.

Les grandes dates des guerres de Vendée et de la Chouannerie

1791

Juin : Affaire de la Proutière.
La Rouërie crée l'Association bretonne de partisans pour l'autorité légitime du roi et la conservation des propriétés.

1792

31 mai : Tentative d'arrestation du marquis de La Rouërie.
15 août : Révolte menée par Jean Chouan à Saint-Ouen-des-Toits (Mayenne).
27 août : Soulèvement à Bannalec (Finistère).
9 septembre : Soulèvement paysan à Lannion et Pontrieux (Côtes-d'Armor).

1793

30 janvier : La Rouërie meurt d'une fièvre maligne.
3 mars : Révolte contre la conscription à Cholet (Maine-et-Loire) et répression sanglante.
11 mars : Prise de Machecoul (Loire-Atlantique) et massacre de républicains. Cathelineau à la tête des Vendéens.
12 mars : Révolte à Saint-Florent-le-Vieil (Maine-et-Loire).
13 mars : Prise de Jallais (Maine-et-Loire).
14 mars : Prise de Cholet (Maine-et-Loire).
15 mars : Combat de Coron (Maine-et-Loire).
19 mars : Attaque du général Marcé par les insurgés. Bataille de Mané-Corohan (Morbihan).
22 mars : Prise de Chalonne (Maine-et-Loire).
23 mars : Massacre de paysans à Pornic (Loire-Atlantique).
27 mars : Prise de Pornic (Loire-Atlantique).
29 avril : Charrette repousse les républicains autour de la ville de Legé (Loire-Atlantique).
1er mai : Prise d'Argenton-le-Château (Deux-Sèvres) par La Rochejaquelein.
2 mai : Investissement de Bressuire (Deux-Sèvres).
5 mai : Prise de Thouars (Deux-Sèvres).
Quétineau déclaré traître à la nation.
13 mai : Prise de Parthenay (Deux-Sèvres) et La Châtaigneraie (Vendée).
24 mai : Prise de Fontenay-le-Comte (Vendée).
9 Juin : Prise de Saumur (Maine-et-Loire).
Prise de Machecoul (Loire-Atlantique) par Charrette et Cathelineau.
29 juin : Echec devant Nantes.
Cathelineau blessé.
14 juillet : Mort de Cathelineau à Saint-Florent-le-Vieil (Maine-et-Loire).
26 juillet : Bataille de Ponts-de-Cé (Maine-et-Loire).
14 août : Défaite à Luçon (Vendée).
10 septembre : Défaite de Charrette à Port-Saint-Père (Loire-Atlantique).
15 octobre : Bataille au lieu-dit La Tremblaye (Maine-et-Loire).
Lescure blessé mortellement.
17 octobre : Défaite à Cholet (Maine-et-Loire).
Bonchamps blessé mortellement.
18 octobre : Début de la « Virée de Galerne ».
20 octobre : Carrier arrive à Nantes et va semer la terreur.
22 octobre : Victoire des insurgés à Entrammes (Mayenne) conduits par La Rochejaquelein.

10 mars : Création du tribunal révolutionnaire.
6 avril : Création du Comité de Salut public.
31 mai-2 juin : Chute des Girondins.
24 juin : Constitution de l'an I.
13 juillet : Assassinat de Marat.
1er août : La Terreur est mise à l'ordre du jour.
17 septembre : Loi sur les suspects.
10 octobre : La Convention décrète le gouvernement révolutionnaire jusqu'à la paix (19 vendémiaire an II).
16 octobre : Exécution de Marie-Antoinette.
31 octobre : Exécution des Girondins.
23 novembre : Fermeture des églises catholiques de Paris.
24 novembre : Le calendrier républicain remplace le calendrier grégorien.
4 décembre : Loi de mise en place du gouvernement révolutionnaire (14 frimaire an II).

1794

4 février : Abolition de l'esclavage dans les colonies (16 pluviôse an II).
24 mars : Les Hébertistes sont condamnés à mort (4 germinal an II).
5 avril : Exécution de Danton.
6 avril : Condamnation des Dantonistes (16 germinal an II).
8 juin : Fête de l'Etre suprême.
10 juin : Loi qui renforce le régime de la « Grande Terreur » (22 prairial an II).
26 juin : Victoire de Fleurus (8 messidor an II).
27 juillet : Chute de Robespierre (9 thermidor an II).

1795 (ans III-IV)

8 juin : Décès du Dauphin.
22 août : Adoption de la Constitution de l'an III (5 fructidor an III).
26 octobre : La Convention est dissoute ; début du Directoire (4 brumaire an IV).

1796 (ans IV-V)

5 mars : Guerre contre le Saint Empire romain germanique.
Avril : Début de la campagne d'Italie (germinal an IV).
10 mai : Bataille du pont de Lodi.
2 juin : Liberté de culte inscrite à l'ordre du jour.

1797 (ans V-VI)

18 avril : Paix de Leoben avec l'Autriche (24 germinal an V).
27 mai : Exécution de Babeuf.
4 septembre : Coup d'Etat contre la droite des Conseils (18 fructidor an V).
30 septembre : Banqueroute des 2/3 (9 vendémiaire an VI).
17 octobre : Traité de Campoformio (26 vendémiaire an VI).

1798 (ans VI-VII)

11 mai : Invalidation d'une partie des élections du printemps (22 floréal an VI).
Juillet : Début de la campagne d'Egypte (messidor an VI).
5 septembre : Loi Jourdan instituant la conscription (19 fructidor an VI).

1799 (ans VII-VIII)

18 juin : Coup de force des Conseils contre trois directeurs (30 prairial an VII).
12 juillet : Loi des otages.
9 novembre : Coup d'Etat de Bonaparte (18 brumaire an VIII) Fin du Directoire, mise en place du Consulat.
11 novembre : Suppression de la loi des otages, de l'emprunt forcé, réouverture des églises catholiques au culte.
13 décembre : Constitution de l'an VIII (22 frimaire).

23 octobre : Jean Chouan rejoint les Vendéens de la « Virée de Galerne ».
15 novembre : Défaite à Granville (Manche).
13 décembre : Piège du Mans.
23 décembre : Défaite à Savenay (Loire-Atlantique).

1794

6 janvier : Exécution de d'Elbée à Noirmoutier (Vendée).
21 janvier : Début des « Colonnes infernales » dirigés par le général Turreau.
28 janvier : La Rochejaquelein tué dans une embuscade à Nuaillé (Maine-et-Loire).
8 février : Stofflet prend Cholet (Maine-et-Loire).
20 mars : Charrette victorieux aux Clouzeaux (Vendée). Général Haxo tué aux Clouzeaux.
13 avril : Général Beysser exécuté à Paris.
17 mai : Baron Turreau suspendu de ses fonctions.
25 juillet : Mort de Jean Chouan dans le bois de Misedon (Mayenne).
16 décembre : Carrier guillotiné à Paris.

1795

17 février : Accords de la Jaunaye.
20 avril : Accords de la Mabilais.
2 mai : Traité de Saint-Florent signé par Stofflet.
25 mai : Cormatin arrêté et conduit à l'île Pelée (Manche).
25 juin : Débarquement de Quiberon (Morbihan).
17 juin : Boishardy tué à Moncontour (Côtes-d'Armor).
28 juillet : Capitulation des émigrés à Quiberon.
2 octobre : Débarquement du comte d'Artois à l'île d'Yeu (Vendée).

1796

10 janvier : Circulaire du général Hoche.
25 février : Stofflet fusillé à Angers.
29 mars : Charrette fusillé à Nantes.
18 juin : Les chefs des insurgés se rendent à Vannes afin de « faire leur soumission ».
19 juin : Cadoudal rend les armes au général Quantin.
16 juillet : Le Directoire annonce au conseil la pacification de la Vendée.

1797

19 septembre : Mort du général Hoche.

1799

15 septembre : Réunion des chefs insurgés au château de la Jonchère (Vendée).
15 octobre : Reprise des combats dans plusieurs villes du grand Ouest.

1800

13 janvier : Pacification proposée par le général d'Hédouville.
13 février : Traité de Beauregard.

Bibliographie

Jean-Paul Bertaud, *Initiation à la Révolution française*, Paris, 1989.
E. Bonnemère, *Les guerres de Vendée*, 1884.
Roger Dupuy, *Les Chouans*, Paris, 1997.
Roger Dupuy, *La République jacobine. Terreur, guerre et gouvernement révolutionnaire. 1792-1794*, Paris, 2005.
Ecomusée départemental, *Les traces des guerres de Vendée dans la mémoire collective*, 1984
Émile Gabory, *Les Guerres de Vendée*, Paris, rééd. 1989.
Jacques Godechot, *La Contre-Révolution*, Paris, rééd. 1984.
Jean-Clément Martin, *La Vendée et la France*, Paris, 1987.
Jean-Clément Martin, *La France en Révolution. 1789-1799*, Paris, 1990.
Pitre-Chevalier, *La Bretagne moderne,* 1860.
Albert Soboul, *Dictionnaire historique de la Révolution française*, Paris, 1989.
Albert Soboul, *La Révolution française*, Paris, 1992.
Michel Vovelle, *La Révolution française, images et récit*, 5 volumes, Paris, 1986.

Table des matières

6 **Introduction**

11 **Genèse d'une insurrection**
Les causes du mécontentement 11
Un sentiment de frustration politique 11
L'incomplète abolition des privilèges 12
Des biens nationaux inaccessibles 13
La région du Grand Ouest se singularise 14
Les décisions qui provoquent le rejet 16
La naissance de la Commune insurrectionnelle 16
La constitution civile du clergé 18
Des mesures insuffisantes pour rassurer les populations 21
La montée des violences 24
Le rôle des aristocrates : premières révoltes nobiliaires 26
L'étincelle qui met le feu aux poudres : la levée des 300 000 hommes 30
La République manque de soldats 30
Un décret de réquisitionnement plus que maladroit 31
Des réactions immédiates 31

35 **La guerre commence**
Mars 1793 : les premiers affrontements 35
Cholet : de la contestation à l'embrasement 35
La protestation gagne 35

Les événements s'accélèrent 40
Le projet de Marcé et l'Armée du Centre 42
L'insoumission gagne le Morbihan 43
Les premiers revers des troupes de rébellion 46
LES FORCES EN PRÉSENCE 47
Les forces de la Nation 47
Les armées vendéennes 49
PRINTEMPS 1793 52
ÉTÉ ET AUTOMNE 1793 57
LA VIRÉE DE GALERNE ET LA FIN DES GUERRES DE VENDÉE 65

71 **Une autre guerre : la chouannerie**
LE NOUVEAU VISAGE DU CONFLIT 71
Le régime de la Terreur et la création des « colonnes infernales » 71
Un mouvement qui prend de l'ampleur : la chouannerie 78
Une tentative d'amnistie 80
La remise en cause de cette paix précaire 84
LE DÉBARQUEMENT DE QUIBERON 86
Une impossible entente 86
Les suites de Quiberon : la « chouannerie-guérilla » 88
DES GUERRES D'EMBUSCADE 89
Cadoudal réorganise ses troupes 89
La politique du harcèlement 91
Les enjeux d'un second débarquement 94
Une population déstabilisée 96
Le mouvement est à bout de souffle 99
« TOUT SEMBLE ANNONCER UN AVENIR HEUREUX... » 100
La pacification de Hoche 100
Les armes de la République 101
LA REPRISE DE LA GUERRE 102
Une politique extérieure en faveur du mouvement chouan 102
La reprise de la guerre 105
De nouvelles mesures prises à Paris 106

111 **Conclusion**

114 **Galerie de portraits**
LES INSURGÉS
Autichamp 114
Boishardy 114
Bonchamps 115
Cadoudal 115
Cathelineau 116
Charette 116
Cotterau 117
Elbée 117
Frotté 118
Guillemot 118
La Rochejaquelein 118
Mercier 119
Puisaye 119
Royrand de la Roussière 120
Stofflet 120
Treton 120

LES RÉPUBLICAINS 121
Beysser 121
Canclaux 121
Haxo 122
Hoche 122
Kléber 122
Marceau 123
Turreau 123

124 **Chronologie**

126 **Bibliographie**

Éditeur
Christian Ryo

Coordination éditoriale
Isabelle Rousseau

Conception graphique
Alexandre Chaize

Cartographie
Patrick Mérienne

Mise en page
Studio Graphique
des Éditions Ouest-France

Photogravure :
Micro Lynx (35)

Impression :
Mame Imprimeurs à tours (37)

Édilarge SA, Rennes
ISBN 978-2-7373-5031-3
Dépôt légal : avril 2010
N° d'éditeur : 6136.01.1,5.04.10
Imprimé en France

www.editionsouestfrance.fr